GÊNEROS JORNALÍSTICOS

COMITÊ EDITORIAL DE LINGUAGEM

Anna Christina Bentes

Edwiges Maria Morato

Maria Cecilia P. Souza e Silva

Sandoval Nonato Gomes-Santos

Sebastião Carlos Leite Gonçalves

CONSELHO EDITORIAL DE LINGUAGEM

Adair Bonini (UFSC)

Ana Rosa Ferreira Dias (PUC-SP/USP)

Angela Paiva Dionisio (UFPE)

Arnaldo Cortina (UNESP – Araraquara)

Clélia Cândida Abreu Spinardi Jubran (UNESP – Rio Preto)

Fernanda Mussalim (UFU)

Heronides Melo Moura (UFSC)

Ingedore Grunfeld Villaça Koch (UNICAMP)

Leonor Lopes Fávero (USP/PUC-SP)

Luiz Carlos Travaglia (UFU)

Maria das Graças Soares Rodrigues (UFRN)

Maria Luiza Braga (UFRJ)

Mariângela Rios de Oliveira (UFF)

Marli Quadros Leite (USP)

Mônica Magalhães Cavalcante (UFC)

Neusa Salim Miranda (UFJF)

Regina Célia Fernandes Cruz (UFPA)

Ronald Beline (USP)

Francisco Alves Filho

GÊNEROS JORNALÍSTICOS
**NOTÍCIAS E CARTAS DE LEITOR
NO ENSINO FUNDAMENTAL**

1ª edição 2011

Capa e projeto gráfico: aeroestúdio
Preparação de original: Elisabeth Matar
Revisão: Ana Paula Luccisano
Composição: aeroestúdio
Coordenação editorial: Danilo A. Q. Morales

Dados Internacionais de Catalogação na Publicação (CIP)
(Câmara Brasileira do Livro, SP, Brasil)

Alves Filho, Francisco
    Gêneros jornalísticos : notícias e cartas de leitor no ensino
fundamental / Francisco Alves Filho. – São Paulo : Cortez, 2011. – (Coleção
Trabalhando com... na escola)

    Bibliografia.
    ISBN 978-85-249-1835-3

    1. Ensino fundamental. 2. Gêneros literários. 3. Linguagem – Estudo
e ensino. 4. Textos jornalísticos 5. Textos – Produção I. Título. II. Série.

11-09524   CDD-418

Índices para catálogo sistemático:

1. Gêneros jornalísticos : Gêneros textuais : Linguagem e educação :
        Linguística aplicada 418

Nenhuma parte desta obra pode ser reproduzida
ou duplicada sem autorização expressa do autor ou do editor.

© 2011 by Autor

Direitos para esta edição
CORTEZ EDITORA
R. Monte Alegre, 1074 – Perdizes
05014-001 – São Paulo – SP
Tel.: (11) 3864-0111   Fax: (11) 3864-4290
E-mail: cortez@cortezeditora.com.br
www.cortezeditora.com.br

Impresso no Brasil – outubro de 2011

SUMÁRIO

Apresentação 9

Pra começo de conversa 13

Capítulo 1. Repensando a noção de gêneros 17

1.1 Novas concepções de gênero 19

1.2 O dinamismo dos gêneros 21

1.3 A classificação dos gêneros 23

1.4 Sugestões de trabalho em sala de aula 25

**Capítulo 2. Principais elementos caracterizadores
dos gêneros 27**

2.1 Fusão entre forma e conteúdo 27

2.2 Os propósitos comunicativos 34

2.3 Sugestões de trabalho em sala de aula 38

2.4 O evento deflagrador 39

2.5 Sugestões de trabalho em sala de aula 42

2.6 O tema dos gêneros 44

2.7 Sugestão de trabalho em sala de aula 46

Capítulo 3. O contexto dos gêneros 51

3.1 Contexto de situação 52

3.2 Contexto cultural 55

3.3 Contexto de outros gêneros 56

3.4 Sugestões de trabalho em sala de aula 59

Capítulo 4. Parâmetros para ensino de gêneros 65

4.1 Escolhendo o gênero adequado à situação 65

4.2 Enfoque linguístico e não linguístico (retórico) 67

4.3 Ensinando o contexto dos gêneros 68

4.4 Ensinando a consciência dos gêneros 70

Capítulo 5. Sobre o ensino de gêneros 73

5.1 Equívocos (ainda) comuns do ensino de gêneros 73

5.2 Sugestões metodológicas gerais para
o ensino de gêneros 78

5.3 Sugestões de trabalho em sala de aula 80

5.4 Sugestões de trabalho em sala de aula 87

Capítulo 6. Notícias na mídia e na sala de aula 89

6.1 O gênero notícia de jornal e seu contexto
de produção e circulação 90

6.2 As funções sociais e retóricas da notícia 93

6.3 O evento deflagrador da notícia 94

6.4 Conjunto de gêneros relacionados às notícias 96

6.5 A estrutura composicional da notícia 97

6.6 A aparência de verdade e de credibilidade
da notícia 99

6.7 O estilo das notícias 100

6.8 O tempo na notícia 102

6.9 As vozes sociais acionadas na notícia 104

Capítulo 7. Sugestões de trabalho com a notícia em sala de aula 109

7.1 Trabalhando com a leitura de notícias 110

7.2 Sugestões de trabalho em sala de aula 111

7.3 Simulando o contexto de uma redação de jornal 117

7.4 Trabalhando a produção de notícias 123

Capítulo 8. Carta de leitor na mídia e na sala de aula 127

8.1 Compreensão geral do gênero carta de leitor 127

8.2 O processo de composição das cartas de leitor 129

8.3 Os propósitos comunicativos da carta de leitor 131

8.4 Eventos deflagradores das cartas de leitor 134

8.5 Conjunto de gêneros relacionados ao gênero carta de leitor 136

8.6 Estrutura composicional 136

Capítulo 9. Trabalhando a carta de leitor em sala de aula 139

9.1 Parâmetros gerais 139

9.2 Sugestão de atividades com carta de leitor no Ensino Fundamental I 145

9.3 Sugestões de trabalho em sala de aula 155

Conclusão 157

Bibliografia comentada 159

Referências 163

Coleção Trabalhando com... na escola 165

APRESENTAÇÃO

A obra que ora trazemos a público, *Gêneros jornalísticos: notícia e carta de leitor no ensino fundamental*, é o segundo volume da coleção *Trabalhando com .... na escola*. Trata-se de um volume de grande importância porque enfoca o trabalho com dois gêneros jornalísticos impressos muito presentes no nosso cotidiano: as **notícias** e as **cartas de leitor**.

Francisco Alves Filho, o autor da obra, ao enfocar esses gêneros, nos permite compreender melhor como pode se dar um trabalho em sala de aula com os dois grandes eixos que norteiam a produção jornalística: a informação e a opinião.

Além disso, ao enfocar esses dois gêneros, ele também procura sistematizar uma metodologia de trabalho com materiais impressos que fazem parte do cotidiano de grandes parcelas da população brasileira, uma vez que o jornal continua a desempenhar um papel fundamental no percurso de letramento dos mais diversos indivíduos, sejam eles mais jovens ou mais velhos, pertencentes a classes sociais mais ou menos abastadas, homens ou mulheres, do norte, do sul, do sudeste, do nordeste ou do centro-oeste.

O autor tem como principal objetivo ao longo do livro mostrar para os professores de Língua Portuguesa de todos os níveis de ensino (apesar de as sugestões de trabalho em sala de aula serem mais direcionadas para as séries finais do ensino fundamental) que mais importante que aprender a reconhecer ou classificar um gênero é fazer com que os alunos saibam usar os gêneros, saibam manipulá-los.

O livro apresenta de maneira simples e direta um tipo de teorização sobre os gêneros textuais sem perder de vista a relação dessa teoria com a prática em sala de aula.

Os capítulos da obra encontram-se estruturados de forma a fazer um duplo movimento: de um lado, construir um modo de refletir, com base em uma determinada teoria do gênero, sobre os objetos em questão e, por outro, fornecer alguns caminhos metodológicos para o trabalho com a leitura e a produção escrita dos gêneros em questão.

Os três primeiros capítulos do livro, com base em uma concepção retórica de gênero, apresentam de maneira clara e objetiva esse conceito, procurando exemplificar como ele está na base da classificação dos gêneros com os quais lidamos cotidianamente. O capítulo 1 apresenta uma visão geral sobre como o conceito de gênero foi classicamente pensado e como este conceito vem sendo repensado por autores contemporâneos. O capítulo 2 apresenta os elementos caracterizadores do gênero: a fusão entre forma e conteúdo, os propósitos comunicativos, o evento deflagrador e o tema dos gêneros. O capítulo 3 mostra que "para se compreender satisfatoriamente um gênero é necessário também compreender os contextos nos quais os seus textos são produzidos e postos em circulação".

Já os capítulos 4 e 5 encontram-se focados na apresentação de importantes parâmetros e sugestões gerais de ensino a partir de gêneros.

Os capítulos 6 e 7 dialogam entre si mais proximamente: o capítulo 6 tem por objetivo fazer uma apresentação do gênero notícia, seus contextos de produção e circulação, os eventos deflagradores, sua estrutura composicional, suas funções sociais e retóricas, seus principais elementos caracterizadores; já o capítulo 7 apresenta sugestões metodológicas de trabalho com as notícias.

Da mesma forma, os capítulos 8 e 9 se complementam: o capítulo 8 apresenta o gênero carta de leitor, procurando compreender seus elementos caracterizadores e sua relação com o contexto de produção, e o capítulo 9 apresenta sugestões metodológicas de trabalho com as cartas de leitor.

Ao final, a obra ainda apresenta uma lista de quatro obras, comentando a importância de cada uma delas para um aprofundamento da compreensão dos gêneros textuais.

Ao ler esta obra, o leitor ficará convencido de que o trabalho com esses dois gêneros pode contribuir para o desenvolvimento e aprimoramento de competências e habilidades de leitura e escrita dos alunos e de que, finalmente, é possível um diálogo mais próximo entre os saberes produzidos na universidade e os saberes e competências produzidos e desenvolvidos na escola de ensino fundamental e médio.

Este é o mais importante objetivo desta coleção e para o qual o livro de Francisco Alves Filho contribui com qualidade, precisão, clareza e, principalmente, com o espírito de engajamento e de comprometimento com a melhor qualidade da escola brasileira, com a melhor qualidade da formação dos professores e com o desenvolvimento (de verdade) das competências e habilidades discursivas de nossos alunos dos diferentes níveis de ensino.

Anna Christina Bentes
Coordenadora da Coleção *Trabalhando com ... na escola*
Julho de 2011

PRA COMEÇO DE CONVERSA

O objetivo principal deste livro é discutir e indicar caminhos possíveis, necessários e enriquecedores para o trabalho com os gêneros em sala de aula – especialmente a notícia e a carta de leitor – de modo a contribuir efetivamente para aprimorar a capacidade de leitura compreensiva, de reflexão consciente e de produção de textos por parte dos alunos do Ensino Fundamental. Como se vê, não se trata de um objetivo novo, podendo talvez até ser considerado um lugar-comum no meio educacional. De fato, este objetivo tem sido propalado já há muito tempo no Brasil, mas efetivamente, e infelizmente, ele ainda não tem se traduzido consistentemente e recorrentemente em práticas de ensino que levem realmente a sério as novas concepções de gêneros surgidas nos últimos 30 anos em várias partes do mundo. Por esta razão, buscamos, neste livro, colaborar para que práticas e metodologias de ensino coerentes com os desafios atuais sejam pensadas, postas em prática, avaliadas, aprimoradas e redimensionadas por grupos de professores reunidos e atuantes em suas escolas.

Nossa opção aqui foi elaborar uma proposta de ensino baseada na noção teórica de gêneros e no recorte empírico de gêneros da mídia impressa (notícia e carta de leitor). A escolha por trabalhar com gêneros deu-se pelo fato de esta noção mostrar-se muito rica para iluminar metodologias de ensino que se fundem: (i) em atividades práticas e procedimentais; (ii) na compreensão da linguagem como um fenômeno multidisciplinar; (iii) no trato da linguagem como um fenômeno que pode ser pesquisado e observado na vida real; (iv) na convicção de que a diversificação equilibrada do domínio de gêneros pode dotar os jovens com mais poder de participação (influência e decisão) na vida política, profissional e cultural.

Já a escolha pela mídia impressa deve-se ao fato de esta exercer grande poder sobre todos nós, incitando comportamentos, formando valores e contribuindo para consolidar ideologias, muitas delas hegemônicas. Por esta razão, temos convicção de que desenvolver estratégias de leitura crítica e atenta dos gêneros jornalísticos e midiáticos pode ser fundamental como um mecanismo de compreensão crítica da realidade. Além disso, a mídia tem incentivado cada vez mais a participação das pessoas nos seus espaços de interlocução, de modo que mais e mais canais para a circulação de ideias do conjunto de leitores estão abertos. Estes canais podem ser mais intensamente e qualitativamente utilizados, no sentido de uma participação responsável, ponderada e crítica se os professores e alunos desenvolverem uma consciência (mais) crítica dos gêneros.

Enfim, acreditamos que na escola é possível simular e mesmo levar a cabo formas de participação dos alunos na vida política e cultural através de atividades de leitura e escrita guiadas pelos modos de funcionamento particulares de conjuntos de gêneros. Se isso é feito com uma adequada compreensão de como funcionam os gêneros do discurso em nossa sociedade e do papel ideológico e comunicativo da mídia impressa, mais chances haverá de os alunos desenvolverem seu enorme potencial comunicativo e crítico.

Elegemos dois eixos para seleção dos gêneros a serem aqui trabalhados: o eixo da informação e o eixo da opinião. Tomamos por base o fato de a própria imprensa operar com base nesta dife-

renciação, embora tenhamos consciência de que esta diferenciação nem sempre é tão clara e/ou pode ser usada para manipular
os leitores. Contemplando o eixo informativo, a escolha deu-se
pelo gênero notícia, ao passo que a carta de leitor foi eleita como
o gênero do eixo opinativo. Faremos uso destes dois gêneros para
refletir sobre a mídia impressa de um modo geral e para propor
alguns caminhos metodológicos do trabalho com a leitura e a produção escrita de gêneros. Claramente as propostas aqui delineadas articulam-se com atividades de pesquisa, já que os alunos são
encorajados e orientados a observar conjuntos de textos e formular conclusões a partir deles – de modo parecido com o que fazem
os usuários efetivos de gêneros na vida social.

CAPÍTULO 1
REPENSANDO A NOÇÃO DE GÊNEROS

Há muito tempo que se fala de gêneros. Na Grécia Antiga, Aristóteles, em *A poética*, já teorizava sobre os gêneros retóricos, vistos por ele como as formas de organização dos discursos para fins de convencimento das outras pessoas nas situações públicas comuns no mundo grego antigo. Uma ideia muito sugestiva proposta por Aristóteles mas que, infelizmente, foi deixada de lado pela visão tradicional de gêneros, foi a noção de que há uma fusão entre forma e conteúdo baseada na situação de cada gênero de discurso. Isto é, o gênero não é apenas a forma (estrutura textual), mas uma "mistura" entre o modo como recorrentemente se fala de um conteúdo (a forma) e o significado do discurso que resulta das experiências compartilhadas pelas pessoas (o conteúdo).

A classificação de gêneros proposta por Aristóteles teve grande aceitação, às vezes até exagerada, entre estudiosos de retórica e literatura durante vários séculos, razão pela qual permaneceu durante muito tempo sendo apenas parafraseada e reafirmada em grande parte do mundo ocidental. Mas ocorre que se prestou pouca atenção à fusão entre forma e conteúdo e passou a se pensar apenas na forma. Consequentemente, e também infelizmente, a noção de gênero daí derivada adquiriu uma feição muito restritiva e formalista, de modo que muitos passaram a crer que um gênero seria apenas uma forma para classificar os textos de acordo com sua estrutura de composição.

Por esta razão, em quase todo o século XX, o conceito de gênero passou a ser muito malvisto por escritores e estudiosos de literatura, porque ele era associado a uma fôrma restritiva e condicionadora, quase uma camisa de força a inibir a manifestação da criatividade individual. Muitos autores literários chegaram mesmo a imaginar que os gêneros poderiam impedir sua expressão poética e, por isso, chegaram a propor a morte dos gêneros.

Uma das piores consequências de tratar o gênero como fôrma é que isso impõe fazer a separação entre forma (que supostamente seria o gênero) e conteúdo que ele veicularia. Essa dicotomia forma e conteúdo também tem o inconveniente de levar a pensar que o gênero poderia ser um recipiente onde se depositaria o suposto sentido dos textos. Ora, um gênero não é um recipiente vazio pois, de certo modo, um recipiente, como um copo, impõe fortes limites sobre a quantidade de líquido que pode nele ser colocado. Em vez de dizer que um gênero é um copo vazio, parece-nos mais apropriado pensar em um gênero como copo já e sempre com algum líquido em seu interior. Copos de água, copos de suco, copos de vinho é que poderiam servir como imagens para representar os gêneros, pois eles são objetos já possuidores de significado, valor e conteúdos. Mas é claro que podemos misturar um copo de suco com um copo de leite para produzir uma nova bebida e é isso que também se faz com os gêneros quando operamos misturas entre eles.

Outra consequência negativa da visão tradicional de gêneros foi supor que eles seriam produtos estáticos, concepção "potencialmente destrutiva porque entra em conflito com a compreensão de como leitores e escritores trabalham e também porque encoraja as dicotomias estáticas" (cf. DEVITT, 1993, p. 574). Ou seja, um gênero nem é somente forma, nem é somente conteúdo, mas uma espécie de mistura funcional entre forma e conteúdo, como já fora assinalado na Antiguidade por Aristóteles e retomado e desenvolvido pelos Estudos Retóricos de Gêneros nos EUA. Por isso, aprender a usar gêneros não pode se reduzir a preencher uma forma vazia com certo conteúdo, mas, ao contrário, desenvolver a habilidade para manipular ao mesmo tempo a forma e o conteúdo – esse é dos objetivos das propostas pedagógicas desenvolvidas neste livro.

1.1 Novas concepções de gênero

A nova concepção de gênero, diz Devitt (1993, p. 573), "muda o foco dos efeitos (características formais, classificações de textos) para as fontes daqueles efeitos". Por isso, muito mais do que apenas compreender uma classificação, é necessário compreender a origem atrás das classificações. Ou seja, é importante saber que as classificações também podem ter um significado ou podem induzir as pessoas a aceitar um certo significado para os gêneros. Optar pela concepção dinâmica de gêneros solicita de nós uma postura curiosa por compreender como os grupos sociais usam, rotulam, conservam e mudam os gêneros. Caso encontremos classificações diferentes para grupos semelhantes de textos, em vez de censurar ou negar este fato, parece mais adequado encontrar as justificativas atrás de decisões diferenciadas para textos parecidos. Isso é importante por evidenciar que o modo como as comunidades nomeiam os gêneros já revela parte de sua concepção sobre eles, além de revelar a importância que têm os gêneros para sua vida cotidiana.

A nova concepção de gênero entende que são os usuários cotidianos dos gêneros os sujeitos responsáveis pelo uso, mudança, manutenção e nomeação dos gêneros (isso não é exclusividade dos estudiosos da linguagem e/ou professores de redação e leitura). Por esta razão, para realizar um trabalho adequado com os gêneros em sala de aula os estudiosos necessitam ir ao encontro das pessoas que usam cada gênero para compreender quais saberes e habilidades são postos efetivamente em prática no uso dos gêneros. O professor de línguas ou de redação não pode supor que ele sozinho detém todo o saber necessário para o processo de ensino-aprendizagem de textos, embora ele detenha saberes extremamente relevantes. Mas há informações sobre os contextos e as funções dos textos que apenas os profissionais que lidam com eles cotidianamente poderão explicar em detalhes.

Por isso, podemos dizer que os gêneros são como os grupos sociais e os seres humanos que os usam: mutáveis, variáveis, dinâmicos, às vezes até mesmo contraditórios e irregulares. Devitt (2004, p. 69) reconhece que, muitas vezes, há conflitos inconvenientes entre a percepção do estudioso e a percepção dos usuários dos gêneros, e isso ocorre porque classificações diferem para diferentes propósitos. Sabemos todos que, do ponto de vista científico, as teorias tendem a não se misturar. Contudo, esta pureza não precisa ser seguida na situação de ensino-aprendizagem, desde que se tenha clareza e segurança acerca das possibilidades de articulação entre conceitos de teorias diferentes.

Um ponto marcante em várias vertentes teóricas recentes dos estudos sobre gêneros é a compreensão de que os gêneros são marcados por duas forças opostas e aparentemente contraditórias: uma força que regula, normatiza, estabiliza, generaliza, promove recorrência, a qual estamos chamando de força centrípeta; e outra que desestabiliza, relativiza, dinamiza, "plasticiza", surpreende, aqui nomeada como força centrífuga. Esta nomenclatura provém de Bakhtin ([1975] 1988), tendo sido usada diretamente para refletir sobre as forças da língua: as forças centrípetas atuam visando normatizar e homogeneizar a língua, enquanto as forças centrífugas agem buscando tornar a língua heterogênea e estratificada. Em sua reflexão sobre os gêneros literários (BAKHTIN, 1997, p. 121-123), indiretamente o autor também se reporta às forças centrífugas e centrípetas, ao dizer que "o gênero sempre é e não é ao mesmo tempo"; "sempre é novo e velho ao mesmo tempo"; "renasce e se renova em cada nova etapa do desenvolvimento da literatura e em cada obra individual de um dado gênero".[1]

1.2 O dinamismo dos gêneros

Nas últimas décadas houve uma mudança significativa na forma como se passou a conceber teoricamente os gêneros, a qual consiste sinteticamente no seguinte: os gêneros deixaram de ser vistos como uma estrutura formal geralmente determinada *a priori* e passaram a ser vistos como estruturas semióticas dinâmicas e flexíveis. Ou seja, os gêneros passaram a ser vistos como formas de organizar dinamicamente a comunicação humana e de expressar diversos significados de modo recorrente. Dizer que os gêneros são estruturas dinâmicas implica que eles são maleáveis e se adéquam às situações e não que são modelos predeterminados a serem seguidos.

Entender que os gêneros possuem dinamismo é importante para se perceber que eles se incorporam às situações vividas pelos seres humanos, muitas vezes servindo como respostas às necessidades comunicativas das pessoas. Por isso é proveitoso pensar nos gêneros como ferramentas semióticas (dotados de significados) que fazem parte das nossas vidas e, portanto, podem ser utilizados adaptativamente para várias finalidades.

Também é o dinamismo dos gêneros que faz com que eles possam mudar ao longo dos tempos para responder de modo apropriado às necessidades comunicativas e às práticas dos seres humanos (BERKENKOTTER E HUCKIN, 1995). Por exemplo, muitos telejor-

---

1 Para uma discussão mais pormenorizada das forças centrípetas e centrífugas, sugerimos a leitura das obras de Bakhtin constantes nas referências deste livro, bem como o artigo de Alves Filho (2010): Forças centrípetas e forças centrífugas em editoriais.

nais de hoje são bem diferentes de telejornais de 20 anos atrás. Naquela época os apresentadores falavam de modo frontal para a câmera, dificilmente emitiam uma opinião ou impressão sobre o fato noticiado e usavam uma linguagem estritamente formal. Hoje, com frequência, assistimos a telejornais em que os apresentadores conversam entre si de modo bem descontraído, emitem impressões e opiniões sobre os fatos e usam um registro de linguagem menos formal e mais flexível. Certamente essa mudança pode ser explicada em função de necessidades comunicativas dos tempos de hoje: as pessoas não querem apenas ser informadas acerca dos fatos, mas exigem também que a informação chegue até elas de um modo mais descontraído, mais agradável, mais interativo. Por outro lado, a competição entre muitas emissoras e entre muitos meios de comunicação acirra a concorrência e produz mudanças na forma dos gêneros. Resumindo, os profissionais das emissoras de TV, estimulados pelo ambiente social e empresarial, contribuíram para que os telejornais fossem mudando ao longo dos últimos anos.

Também é relevante compreender que os gêneros servem para estabilizar a experiência humana, dando a ela coerência e significado (BERKENKOTTER E HUCKIN, 1995). Quando pensamos no universo escolar podemos logo entender como o trabalho de professores e alunos ganha estabilidade também através dos gêneros que são por eles utilizados. Os exercícios de sala de aula e as provas fazem com que o trabalho de ensino-aprendizagem adquira estabilidade e previsibilidade – indicando em grande escala o próprio significado da atividade escolar. Poderíamos dizer que um professor compreende satisfatoriamente o seu trabalho escolar quando adquire certa maestria no trato com os gêneros que utiliza no seu cotidiano. É por esta razão que muitos autores têm ressaltado a enorme importância dos gêneros para os processos de socialização de novatos no mundo do trabalho. Aprender e dominar certos gêneros pode ser uma condição para compreender certas experiências e significados.

1.3 A classificação dos gêneros

Não se pode negar que a classificação dos textos tem suas utilidades. Devitt (1993, p. 574) elenca algumas delas: elaborar sistemas de classificação de livros em bibliotecas; arquivar textos em escritórios; fazer as divisões das disciplinas nas escolas e universidades. Entretanto, vemos que são usos bem delimitados para certas profissões e, por isso, nos perguntamos se um aluno do ensino básico precisa saber disso. Creio que mais importante do que classificar, para os estudantes de ensino básico, importa mais compreender para que os gêneros são usados na sociedade.

Por isso é problemático imaginar que gênero é essencialmente um nome para rotular e classificar textos – coisa que certas atividades escolares, por vezes, deixam entrever. Isso é equivocado porque pode dar a entender que todo texto forçosamente e definitivamente pertence a um único gênero quando, nem sempre, isso ocorre. Como os gêneros não dependem apenas da forma, mas da situação na qual são usados, do lugar onde são publicados ou falados e de quem os usa, um mesmo texto pode, em momentos diferentes, *funcionar* em gêneros diferentes. Derrida (1980) propõe uma saída interessante: em vez de dizer que um texto *pertence* a um gênero, ele diz que um texto *participa* de um ou mais gêneros. Assim podemos recusar a ideia de que os textos pertencem a conjuntos fechados e finitos, como na matemática, e assumimos que os textos podem funcionar em gêneros diferentes, dependendo dos propósitos comunicativos e dos contextos em que foram utilizados.

Um exemplo interessante é o que ocorreu (e ocorre) com cartas escritas por escritores famosos a seus colegas de profissão. Quando recebidas por seus destinatários, estes textos eram lidos como cartas pessoais, razão pela qual podiam ser guardadas à chave num armário e nunca serem lidas por mais ninguém. Ou seja, eram recebidos como cartas privadas. Mas muitas destas cartas vieram a ser publicadas em livros, tendo sido lidas por milhares e milhares de leitores. Poderíamos nos perguntar se porventura estaríamos, no segundo caso, diante de cartas pessoais. Parece-nos que não. Tais textos passaram a ser lidos *não* como se tivessem o propósito de estabelecer uma interação de caráter privado e pessoal, mas como um documento histórico público e/ou um documento literário – embora mantendo a mesma forma, a função e a interação promovida mudaram. Provavelmente, muitos leitores, estimulados pelo que conhecem sobre autores literários, procuraram mesmo encontrar valor literário e estético em tais cartas. Vejamos bem que, neste caso, dois textos exatamente iguais do ponto de vista formal, de conteúdo e de estilo, por funcionarem distintamente em situações diferentes e servirem a propósitos diferentes, não podem ser classificados como fazendo parte do mesmo e único gênero.

Contudo, se olhássemos apenas os aspectos formais destas cartas e se quiséssemos forçosamente enquadrá-las numa classificação, iríamos dizer que todas são (apenas) cartas pessoais e ponto. Isso levaria a desconsiderar inteiramente a inserção destas cartas em dadas situações de comunicação para realizar determinados propósitos comunicativos (aspectos dos mais importantes numa teoria de gêneros). Agindo assim, enquadraríamos os dois textos num único rótulo de gênero, mas não os observaríamos efetivamente como gêneros, ou seja, como tipos históricos de textos atendendo a necessidades de grupos sociais em situações específicas.

Parece-nos que a classificação de gêneros pode ser mais frutífera se for vista em relação às situações em que os textos são usados. Ou seja, a classificação depende da forma como os usuários *tipificam* as situações e, consequentemente, *tipificam* os discursos e os textos. Podemos dizer que ocorre tipificação toda vez que, com base em seus estoques de conhecimento, as pessoas interpretam algo novo ou diferente como sendo similar a algo já conhecido. Assim, se uma tipologia de que dispomos se mostra útil para compreender o mundo, ela passa a ser usada rotineiramente (MILLER, 2009, p. 30-31). Há exemplos corriqueiros disso: quando vamos a um lugar cuja comida nos é estranha, tendemos a aproximá-la ou tipificá-la como sendo de um dos tipos de comida de nosso cotidiano. E quando ouvimos uma música estranha ou diferente tendemos a "enquadrá-la" num dos ritmos de nosso repertório. Porém, quando uma tipificação parece não ser mais adequada para determinar uma situação, a tendência é que surja um novo tipo.

Com base nesta forma de compreender a tipificação dos discursos, parece-nos mais apropriado pensar em práticas de ensino de textos e gêneros que se mostrem flexíveis quanto às classificações e que compreendam que classificações diferentes, mais que tudo, significam visões e valores diferentes. Por conta disso, não parece interessante recusar ou invalidar classificações diferentes, mas tentar compreender as suas razões. Com isso queremos dizer que podemos alterar o foco do trabalho com a classificação: em vez de uma camisa de força, ela pode ser encarada como uma massinha de modelagem na sua capacidade adaptativa. A classificação pode ser trabalhada de modo criativo e aberto se aos alunos forem dadas oportunidades de eles próprios classificarem ao seu modo conjuntos de textos, embora se valendo de critérios relevantes. Talvez isso os ajude a compreender que as classificações são históricas, culturais, ideológicas e não naturais e imutáveis para sempre.

1.4 Sugestões de trabalho em sala de aula

Ao longo do livro, e à medida que pontos teóricos forem sendo apresentados, faremos sugestões de trabalho para sala de aula. O objetivo desta seção é sugerir aos professores possibilidades de aplicação pedagógica das ideias aqui defendidas. A intenção é oferecer sugestões que possam ser adaptadas para diferentes graus de ensino, já que muitas das decisões

→

sobre os gêneros e textos a serem usados precisarão ser tomadas pelos professores, de acordo com sua realidade. Apesar desta possibilidade de adaptação, buscamos elaborar propostas com objetivos um tanto claros e focados. As sugestões metodológicas estarão estruturadas por meio dos seguintes pontos:

Atividade: Qual é o gênero? Atividade de descoberta, com apoio no conhecimento de mundo sobre gêneros e práticas de linguagem, de gêneros diversos.

Gêneros a serem trabalhados: piada, conto de fadas, notícia, telefonema, fábula, telejornal (neste caso é fundamental que sejam gêneros amplamente conhecidos pelos alunos).

Orientações e objetivos: trata-se de um jogo com a finalidade de descobrir qual é o gênero a partir de pistas e fragmentos de textos. Observando os fragmentos seguintes, todos os quais foram usados para iniciar textos de gêneros diferentes, descubra de qual gênero participa cada um deles. Mais do que acertar qual é o gênero, interessa aqui discutir o saber que possuem os alunos sobre os gêneros e como eles raciocinam para inferir de qual gênero participa o fragmento textual. Entre outros, você pode propor os seguintes fragmentos:

- Sabe aquela do português?
- Era uma vez uma princesa.
- O artesão argentino Rubén 'Tito' Ingenieri, 47 anos, usou cerca de 6 milhões de garrafas para construir sua casa, uma oficina de arte e um farol.
- Alô? Alô? Quem está falando?
- Bom dia. Hoje discutiremos a Segunda Guerra Mundial.
- Antônio afirma que não vai permitir que sua neta seja criada por Fausto. Maicon fica surpreso com a simpatia de Dona Zica por Marlene.

CAPÍTULO 2
PRINCIPAIS ELEMENTOS CARACTERIZADORES DOS GÊNEROS

2.1 Fusão entre forma e conteúdo

Todo gênero certamente é o resultado histórico de modos particulares de se relacionar uma forma textual (o modo como se diz ou escreve algo) e um conteúdo (aquilo sobre o qual se fala ou escreve). Já Aristóteles havia se referido a isso como uma fusão entre forma e conteúdo, defendendo que não havia como separar os dois. Por isso, seria equivocado tanto querer associar os gêneros somente à forma como imaginar que os gêneros se reduzem unicamente ao conteúdo. Em outras palavras, estudar os gêneros não é coerente com fazer polarização entre forma e conteúdo pelo simples fato de que estes dois componentes são inseparáveis e também pela razão de que os gêneros são holísticos, ou seja, são construtos globais e integrais, uma espécie de lugar onde diversos componentes da dimensão verbal e social dos textos se agrupam para formar um todo dotado de significado (cf. RODRIGUES, 2005). O caráter holístico dos gêneros inclui, além da forma e dos conteúdos, valores, situações, ideologias e papéis sociais representados por sujeitos interagindo através dos gêneros.

Como sugere Devitt (2004), parece mais produtivo pensar que os gêneros têm a ver com formas dotadas de significado, e que uma pergunta interessante para entender um gênero pode ser: sendo este gênero escrito desta forma, o que isso significa? E se os textos de um determinado gênero passassem a ser escritos de uma outra forma, que mudanças de significados ou valores seriam produzidas?

Respondendo à pergunta anterior, Devitt (2004) defende que a forma dos textos não deveria ser vista como inerentemente normativa e prescritiva, mas como um dos elementos que produz significado, já que quando se concebe a forma como normativa e prescrita tendemos a ver o gênero como um modelo formal a ser seguido, às vezes até incondicionalmente. Coisa diferente ocorre, salienta Devitt, quando se concebe a forma como produtora de significado, já que nos inclinaremos a buscar atribuir ou reconstruir um significado para ela. Pensemos em notícias escritas e publicadas em jornais. Algumas delas são escritas completamente em terceira pessoa e o redator em nenhum momento fala em primeira pessoa. Notícias com este formato podem dar a entender que possuem objetividade e imparcialidade quanto ao tratamento dos fatos. Já notícias que apresentam marcas da primeira pessoa produzirão nos leitores significados bem diferentes, por exemplo, que relatam fatos que podem ser vistos por ângulos diferentes e com alguma subjetividade. Não se trata de dizer que um dos tipos de notícias descritos acima está errado ou deveria ser corrigido, mas que eles resultam de opções diferentes de associar forma e conteúdo, o que, por sua vez, produz efeitos de significado diferentes.

Em resumo, um dos perigos da visão formalista dos gêneros é desembocar numa visão prescritiva, a qual já tem se mostrado tão improdutiva para o ensino-aprendizagem de línguas. Mas é claro que não podemos negar que a forma dos gêneros também passa por processos de regulamentação e normatização, mas esses processos precisam ser vistos em seu caráter histórico e dinâmico.

Sendo históricos e dinâmicos, as formas mudam diacronicamente e são flexíveis sincronicamente (DEVITT, 2004). Entender a dinamicidade e a significância da forma textual não equivale a dizer que os alunos não devem se basear e se orientar pelas formas textuais existentes, mas que eles precisam perceber que raramente existe apenas um único modelo formal disponível.

Poderíamos dizer, então, que conhecer apropriadamente um gênero implica também saber escolher qual conteúdo é apropriado, adequado e se ajusta a determinados propósitos comunicativos e em qual forma textual ele pode ser expresso de modo a se obter o sucesso desejado na ação comunicativa. Com isso fazemos coro à ideia de Miller (2009) de que a forma é retórica, ou seja, ela guia a resposta do falante, oferece alguma orientação sobre como proceder e interpretar os textos. Isto equivale a dizer que os gêneros, de algum modo, orientam os nossos comportamentos, embora não façam isso de maneira determinística ou prescritiva. Quando, por exemplo, encontramos alguém que decide nos contar uma fofoca e, se aceitamos a sugestão e nos dispomos a ouvi-la, imediatamente o gênero fofoca passa a guiar a nossa forma de proceder (falar baixo e olhar para os lados, por exemplo) e interpretar (como informação negativa e maledicente, provavelmente). Quando alguém diz "sabe aquela do português" imediatamente passamos a ouvir sem interferir na fala do outro até que ele termine de contar a piada, além de criarmos expectativa para um final engraçado ou surpreendente.

A implicação pedagógica mais importante da fusão entre forma textual e conteúdo é a necessidade de trabalhar com os diversos gêneros sem desassociar a forma do conteúdo. Dito de outro modo, a forma precisa ser vista como funcional, como tendo uma finalidade, uma razão de ser ou produzindo certo efeito de sentido. E, em contrapartida, o conteúdo precisa ser visto como algo semiótico, já que as ideias somente são veiculadas e mesmo pensadas através de signos. Ou seja, as ideias não são coisas puramente psicológicas ou cognitivas: elas se materializam através de sons, palavras e estruturas, razão pela qual as ideias dependem da forma. Bakhtin (1929/1930) falou bastante disso ao dizer que as ideologias têm uma realidade semiótica e não metafísica ou psicológica. Por esta razão, os alunos precisam ser encorajados a perceber que há combinações tanto previsíveis como diferentes entre forma e conteúdo para a expressão das ideias. Quando a gente ouvia um professor de redação dizendo-nos que um texto dissertativo deveria obrigatoriamente ser escrito em terceira pessoa associado a outros recursos de impessoalização, estávamos sendo levados a aprender que a relação entre forma e conteúdo seria uma relação da natureza unidirecional (da forma para o conteúdo) e determinística (a forma governa o conteúdo), o que contraria o modo como historicamente os textos são usados.

É importante deixar claro que os gêneros são formas históricas e sociais de uso da linguagem e não formas prescritivas ditadas, à revelia dos contextos de uso, por supostos "experts" no assunto. Sendo formas históricas, é claro que não se trata de cada pessoa escolher falar ou escrever como bem deseja, guiando-se apenas por sua intuição. As escolhas sobre as formas de expressão são guiadas, nos contextos de uso, por parâmetros da própria dinâmica social, razões pelas quais não são meramente intuitivas. Pedagogicamente, julgamos fundamental que os professores orientem os alunos a perceber que, na grande maioria das vezes, há escolhas formais a serem feitas, algumas vezes menos e outras vezes mais limitadas. Por isso, é fundamental o aluno aprender a avaliar o significado da forma e sua adequação à situação comunicativa. Sobre isso, é interessante ver o argumento de Devitt (2004) de que, de modo semelhante ao que ocorre com as variações linguísticas, as variações nos formatos dos textos de um gênero também são condicionadas por sua adequação à situação comunicativa. Por exemplo, a forma e o estilo de uma carta de leitor endereçada ao caderno *Folhateen*, da *Folha de S.Paulo*, e ao *Painel do Leitor*, do mesmo jornal, podem ser bem diferentes. Espera-se que uma pessoa com razoável domínio do gênero carta de leitor consiga perceber estas diferenças, de modo a fazer escolhas adequadas tanto da forma como do conteúdo.

Se um professor compreende e se convence de que existe uma fusão entre forma e conteúdo, ele poderia enunciar isso de modo diferente, dizendo, por exemplo, que em nossa sociedade encontramos a expressão da opinião materializada verbalmente através da primeira pessoa do singular, da primeira pessoa do plural e da terceira pessoa (impessoalização). E mais: que a escolha por uma destas formas passa para o leitor uma certa imagem do locutor (mais arrogante, mais modesto, mais ponderado etc.). Nosso hipotético professor poderia dizer também que é possível escolher uma forma ou outra, mas tendo consciência de que toda escolha implica riscos e/ou vantagens (por exemplo, ser reprovado ou aprovado num exame, dependendo dos valores da banca avaliadora; construir uma imagem mais moderna ou mais antiga). Em outras palavras, aprender gêneros pode ser uma forma de aprender a fazer escolhas responsáveis e deliberadas entre possibilidades existentes de combinação entre forma, conteúdo e valores neles expressos.

Um exemplo interessante da relação entre forma e conteúdo pode ser visto no exemplar abaixo, em que uma petição judicial foi escrita no formato de cordel.

Senhor Juiz
Roberto Pessoa de Sousa

O instrumento do "crime" que se arrola
Nesse processo de contravenção
Não é faca, revólver ou pistola,
Simplesmente, Doutor, é um violão.

Um violão, Doutor, que em verdade
Não feriu nem matou um cidadão
Feriu, sim, mas a sensibilidade
De quem o ouviu vibrar na solidão.

O violão é sempre uma ternura,
Instrumento de amor e de saudade
O crime a ele nunca se mistura
Entre ambos inexiste afinidade.

O violão é próprio dos cantores
Dos menestréis de alma enternecida
Que cantam mágoas que povoam a vida
E sufocam as suas próprias dores.

O violão é música e é canção
É sentimento, é vida, é alegria
É pureza e é néctar que extasia
É adorno espiritual do coração.

Seu viver, como o nosso, é transitório.
Mas seu destino, não, se perpetua.
Ele nasceu para cantar na rua
E não para ser arquivo de Cartório.

Ele, Doutor, que suave lenitivo
Para a alma da noite em solidão,
Não se adapta, jamais, em um arquivo
Sem gemer sua prima e seu bordão.

Mande entregá-lo, pelo amor da noite
Que se sente vazia em suas horas,
Para que volte a sentir o terno açoite
De suas cordas finas e sonoras.

Liberte o violão, Doutor Juiz,
Em nome da Justiça e do Direito.
É crime, porventura, o infeliz
Cantar as mágoas que lhe enchem o peito?

Será crime, afinal, será pecado,
Será delito de tão vis horrores,
Perambular na rua um desgraçado
Derramando nas praças suas dores?

Mande, pois, libertá-lo da agonia
(a consciência assim nos insinua)
Não sufoque o cantar que vem da rua,
Que vem da noite para saudar o dia.

É o apelo que aqui lhe dirigimos,
Na certeza do seu acolhimento
Juntada desta aos autos nós pedimos
E pedimos, enfim, deferimento.

Disponível em: <http://www.leieordem.com.br/peticao-em-forma-de-cordel-para-libertar-um-violao.html>. Acesso em: 25 abr. 2011.

Como sabemos, o formato da petição está associado a um conjunto de valores jurídicos (hierarquia do Judiciário em relação aos cidadãos comuns, altas esferas de poder constituído, enorme valor para a escrita e menos para a oralidade, valorização das tradições institucionais), enquanto o cordel está associado a outros conjuntos de valores e práticas (uso do raciocínio e da argumentação popular, apoio na modalidade oral de linguagem, uso da improvisação como elemento criador). Quando um advogado decide escrever os conteúdos típicos de uma petição na forma de um cordel, ele provoca alteração da fusão entre forma e conteúdo e, consequentemente, na expressão de valores e crenças. Didaticamente, podemos dizer que a forma do cordel provocou alteração no conteúdo da petição (talvez este conteúdo adquira um tom menos sério e hierárquico), assim como o conteúdo da petição provocou alteração no valor da forma do cordel (ela pode ter adquirido uma conotação mais séria, além de ter incorporado outras funções). Ou seja, esta nova maneira de fundir forma e conteúdo provoca novos significados.

2.2 Os propósitos comunicativos

As concepções retóricas de gênero têm assumido que os propósitos comunicativos são centrais para o uso da linguagem. Mas o que vem a ser propósito comunicativo de um gênero?

O propósito comunicativo de um gênero equivale às finalidades para as quais os textos de um mesmo gênero são mais recorrentemente utilizados em situações também recorrentes. Sobretudo os textos mais pragmáticos são usados no dia a dia para ajudar a resolver determinados problemas da vida prática. Por exemplo, muitas pessoas escrevem carta de leitor para protestar contra os políticos; outras o fazem para elogiar os meios de comunicação; e há aquelas que buscam solicitar apoio dos meios de comunicação para resolver problemas do seu bairro.

Vemos assim que é fundamental compreender que um mesmo gênero pode servir para atender a vários propósitos comunicativos e não para um único apenas. Um exemplo interessante é o que ocorreu com as postagens no *Twitter*. Este aplicativo foi criado, a princípio, para que as pessoas pudessem informar resumidamente aos colegas de trabalho o que elas estavam fazendo em determinado momento – era uma resposta à pergunta "O que você está fazendo?". Com o passar do tempo e à medida que o *Twitter* se tornou conhecido e passou a ser usado por contingentes cada vez maiores e diversificados de pessoas e instituições, novos propósitos surgiram (fazer propaganda, divulgar notícias, autopromover-se, convocar mobilizações políticas). Este exemplo serve para mostrar como os propósitos comunicativos são muito dinâmicos e podem mudar com o passar do tempo ou variar entre grupos ou instituições diferentes.

Por outro lado, contudo, à medida que determinados propósitos comunicativos vão se estabilizando, eles encorajam as pessoas a usarem um dado gênero para aquelas mesmas finalidades. Por isso, é interessante tanto compreender quais propósitos comunicativos são recorrentemente associados a determinados gêneros, ainda que não seja necessário desencorajar a possibilidade da utilização de um mesmo gênero para outros propósitos ainda não tão comuns. Em outras palavras, a mudança dos gêneros não se dá apenas sobre a forma, o conteúdo e o estilo, mas pode decorrer de alterações nos propósitos comunicativos, nas suas funções sociais. E não é raro que, havendo mudanças nos propósitos comunicativos, também surjam mudanças na forma e no estilo dos gêneros.

Os propósitos podem ser vistos de duas perspectivas principais:

- do ponto de vista de quem escreve ou fala (do locutor/enunciador);
- do ponto de vista de quem lê ou escuta (ouvinte/interlocutor).

Esta distinção se faz importante porque necessariamente os propósitos não são os mesmos se vistos pelo ângulo de quem produz os textos ou da perspectiva das pessoas a quem eles são endereçados.

As notícias, do ponto de vista das empresas jornalísticas, mais comumente objetivam informar os leitores acerca dos fatos recentes e considerados relevantes para a vida social, bem como estabelecer uma relação de fidelidade do leitor para com a empresa. Contudo, nada impede que leitores leiam notícias com o objetivo de compreender aspectos ideológicos dos meios de comunicação. Isso equivale a dizer que os propósitos comunicativos podem não ser algo que está definitivamente marcado nos textos, mas resultar dos modos como os textos são utilizados efetivamente em dadas situações. Entretanto, reafirmamos, isso não invalida um reconhecimento de propósitos mais recorrentes e mais previsíveis para os textos que participam de um gênero e são usados em situações recorrentes. Diríamos que compreender adequadamente os propósitos de um gênero inclui tanto reconhecer propósitos mais recorrentes e previsíveis como se aperceber daqueles ainda raros ou potencialmente emergentes.

Um dos objetivos centrais de estudo de um gênero é justamente compreender os propósitos comunicativos recorrentes de um conjunto de textos que participa de um gênero. Isso pode ser extremamente importante para que o trabalho com qualquer gênero em sala de aula leve em conta funções reais para as quais os gêneros são de fato utilizados. Parece contraproducente ignorar, num estudo de um texto, as funções a que este serve. Entretanto, muitas vezes, vemos em livros didáticos de Língua Portuguesa vários gêneros sendo utilizados apenas para a observação de um certo aspecto gramatical, com inteiro esquecimento do significado e funções do gênero na vida social.

Quando as pessoas usam um gênero, de algum modo elas aceitam os propósitos comunicativos que este gênero culturalmente realiza. Se alguém decide escrever uma carta de leitor para um jornal, ele reconhece e aceita que as cartas de leitores são usadas para resolver retoricamente um conjunto de necessidades sociais que não foram inventadas por uma única pessoa. Mas isso não significa uma obediência cega porque um indivíduo pode iniciar alguma mudança no gênero, ao buscar resolver uma outra exigência ainda não socialmente satisfeita por intermédio deste gênero. Caso essa exigência passe a ser utilizada também por outras pessoas, ela poderá passar a ser um elemento definidor do gênero. Resumidamente, podemos dizer que os **propósitos comunicativos são socialmente compartilhados, mas é no nível individual que mudanças surgem.**

Vejamos uma listagem de propósitos comunicativos recorrentes em alguns gêneros muito presentes em nossas vidas. Advertimos que não se trata de uma listagem completa e exaustiva, até mesmo porque, como decorrência da dinamicidade dos gêneros, novos propósitos podem emergir. Contudo, trata-se de uma listagem que indica propósitos relativamente estabilizados e que pode servir de guia para uma exploração destes gêneros.

Propósitos comunicativos	Gêneros em que são comumente utilizados
Relatar fatos reais ocorridos recentemente na vida social	Notícias, reportagens, entrevistas, relatos pessoais, blog de viagem.
Divulgar produtos e serviços de modo positivo	Propagandas, novelas, notícias, rede social de relacionamento, prefácios de livros, classificados, entrevistas, resenhas, guias de turismo.
Autopromover-se apresentando uma imagem positiva de si mesmo	Rede social de relacionamento, palestras, conferências, entrevistas, debates, blogs, tweets, relato pessoal.
Criticar e avaliar atores sociais e instituições da vida pública	Editorial, carta de leitor, tirinhas, charge, artigo de opinião, coluna de opinião, entrevista, debate televisivo, história em quadrinhos.
Avaliar conhecimentos de atores sociais	Provas, exercícios, redação escolar, entrevista de emprego, entrevista de seleção de alunos, pré-projeto, seminário oral, prova oral, teste psicotécnico.
Interagir, mantendo contato social e reforçando vínculos de amizade com os outros	Conversação cotidiana, causos, relato de experiência pessoal, cumprimentos diários, piadas, rede social de relacionamento, telefonema, carta, e-mail, blog.
Refletir sobre a condição humana	Poesias, romance, conto, crônica, cartum, tirinha, sermão, palestra.
Confortar as pessoas	Livros de autoajuda, sermão, poesia, pêsames, depoimento pessoal, oração, prece, carta.
Regrar e orientar o comportamento das pessoas	Fábula, leis, normas de empresas, regimento, regulamentos, propagandas.
Enaltecer as pessoas	Prefácio, discursos orais públicos, cumprimentos, resenhas, depoimentos.

2.3 Sugestões de trabalho em sala de aula

Atividade: Inferindo propósitos comunicativos.

Sugestões de gêneros adequados: tirinhas de jornal, horóscopo, carta de leitor, e-mail, recados em rede social de relacionamento, resumos de novela, notícias voltadas para um mesmo tipo de público ou publicadas num mesmo jornal.

Orientações e objetivos: leve para a sala de aula vários exemplares de textos de um mesmo gênero, preferencialmente relacionados a um mesmo contexto, de modo que seja possível encontrar recorrências e regularidades nos modos como estes textos são usados na vida real. O trabalho consiste em fazer a leitura de vários textos de um mesmo gênero e buscar inferir os propósitos comunicativos predominantes no conjunto de textos, de modo a descobrir regularidades funcionais. Trata-se de um trabalho exploratório, cuja finalidade maior é estimular e orientar os alunos a fazerem descobertas relevantes sobre o funcionamento de gêneros na vida social. Na orientação é importante solicitar aos alunos formularem o propósito comunicativo tanto do ponto de vista dos leitores como da perspectiva dos autores. Uma variação interessante pode ser levar conjunto de textos diferentes de um mesmo gênero para grupos de alunos diferentes, de tal forma que seja possível chegar a resultados diferentes para um mesmo gênero. Isso poderá ajudar os alunos a compreenderem, na prática, a dinamicidade dos gêneros.

Atividade: Produção de textos a partir dos propósitos comunicativos. A produção de textos pode ser frutiferamente trabalhada tendo como ponto de partida – ao invés de temas, como habitualmente se faz – um dado propósito comunicativo (ou mais de um, se for o caso).

Sugestões de gêneros adequados: relato biográfico ou autobiográfico (de alguém que realizou a superação de um

$\rightarrow$

problema pessoal), mensagem em apresentador de slides (com fotos da pessoa amiga, sons e texto), causos engraçados, depoimentos de pessoas amigas sobre o amigo que está com o "astral baixo"; parábola relatando um caso de superação; poema de autoajuda. Também é provável que aqui surjam casos de intergenericidade (mistura de gêneros), como uma receita poética tematizando a garra e a força de vontade.

Orientações e objetivos: proponha aos alunos a seguinte situação-problema: imaginem que uma pessoa amiga está passando por muitos problemas emocionais e está isolada, sem querer interagir com as pessoas. Tendo como propósito "levantar o astral da pessoa amiga", discuta com os alunos quais gêneros escritos poderiam ser produzidos e enviados para esta pessoa. Não se deve esquecer que o mais importante na atividade não é o nome do gênero, mas a decisão que os alunos devem tomar sobre as características do texto: que recurso usar (telefone, internet, correios), que tipo de linguagem usar, como abordar o assunto de modo a não constranger a pessoa. Após os textos concluídos, pode-se discutir coletivamente quais gêneros e decisões diferentes foram tomadas por indivíduos diferentes. O mais relevante da atividade é vincular todas as decisões sobre o texto tendo como parâmetro o propósito comunicativo principal e a situação de comunicação. Ao invés de o professor dizer de antemão qual o gênero a ser utilizado, esta decisão fica por conta dos alunos (o que não deixa de ser uma forma de trabalhar um aspecto ligado à autonomia dos alunos: tomar decisões comunicativas em função de contextos delimitados).

2.4 O evento deflagrador

Evento deflagrador é o nome usado para caracterizar um acontecimento factual ou discursivo que é usado como o desencadeador para a produção de um certo texto que participa de um gênero (PARE E SMART, 1994). O evento deflagrador é a razão mais ou menos imediata que impulsiona alguém a tomar a palavra escrita ou oral e propor um ato de interação pela linguagem. Quando se diz que os gêneros respondem às necessidades e exigências das pessoas no sentido de minimizar ou resolver problemas de sua vida (cf. BITZER, 1968), assumimos que o evento deflagrador tem um papel muito importante neste processo porque ele faz a intermediação entre a realidade e os textos. Por isso, compreender o evento deflagrador ajuda a entender a relação entre os textos e os acontecimentos sociais ou materiais que servem de causa ou motivação para eles.

Por exemplo, qual seria o evento deflagrador principal de uma resenha de livros para uma revista semanal? O próprio lançamento (ou relançamento) de um (novo) livro no mercado editorial. Ou seja, é o lançamento de um novo livro que impulsiona alguém a criar uma resenha e uma revista a ceder espaço para sua publicação. Já no caso de uma notícia, o evento deflagrador é um fato ocorrido recentemente (mas não um fato antigo ou fictício) o qual precisa ser visto como tendo relevância social e não apenas individual. Por esta razão é que o repórter precisa, muitas vezes, ir ao local onde o fato ocorreu para entrevistar as pessoas envolvidas no acontecido. Um outro exemplo ainda: o evento deflagrador de um *curriculum vitae* é o fato de alguém estar desempregado e necessitar conseguir um trabalho.

Dá para perceber como o evento deflagrador é extremamente importante para a elaboração de propostas de produção de texto pelo fato de ele indicar claramente o ponto de partida para a escrita de um texto. Muitas vezes encontramos em livros didáticos propostas de escrita que se mostram grandemente artificiais justamente por não levarem em conta os eventos deflagradores típicos de gêneros específicos. É o caso de uma proposta para escrever uma notícia a partir de uma poesia. Ora, a leitura de uma poesia comumente não é usada na vida social como um evento deflagrador para se escrever notícias, razão pela qual formular este tipo de proposta para jovens pode levá-los a elaborar uma concepção de escrita fortemente artificial e desatrelada das práticas socioculturais de linguagens – o que pode mesmo gerar um desinteresse pela atividade de escrita.

Por esta razão, defendemos que, no momento inicial de apresentação para os alunos de um gênero a ser trabalhado em sala de aula, é extremamente relevante ajudá-los a compreender os eventos deflagradores típicos deste gênero. Isso pode ser feito inclusive como uma atividade de pesquisa: dado um conjunto de textos de um mesmo gênero produzido em contextos semelhantes, os próprios alunos podem ser orientados a descobrirem e inferirem os seus eventos deflagradores mais recorrentes.

Vejamos abaixo uma relação de eventos deflagradores recorrentes para alguns gêneros da vida cotidiana. Como ilustrado no quadro, tanto um evento deflagrador faz emergir diversos gêneros como um mesmo gênero pode ser deflagrado por eventos diferentes. Reafirmamos que o conhecimento por parte dos alunos das relações entre gêneros e eventos deflagradores é fundamental para que eles compreendam onde buscar informações, que tipo de tratamento precisam dar ao tema e a que funções precisam atender.

Relações entre evento deflagrador e gêneros

Evento deflagrador	Gêneros
Fato ocorrido recentemente e considerado relevante	Notícia, carta de leitor, editorial, charge, relato de experiência pessoal.
Lançamento de um novo livro, CD ou DVD	Resenha, entrevistas na mídia, notícia, propaganda.
Divulgação de uma pesquisa ou estudo	Notícia, editorial, entrevista, reportagem.

→

Evento deflagrador	Gêneros
Resultado insatisfatório num teste ou avaliação	Reclamação, recurso, protesto.
Descoberta de um defeito num produto comprado recentemente	Carta de reclamação, carta de leitor, e-mail.
Realização de uma viagem	Relato de viagem (oral ou escrito), crônica, piada, blog, rede de social de relacionamento.
Leitura de um texto	Resumo, debate, resenha, esquema gráfico, exercício, roteiro de estudo.
Necessidade de contratar empregado	Classificados, telefonema para amigos, entrevista de emprego, carta de recomendação, carta de solicitação, teste psicológico, curriculum vitae.
Assassinato brutal ocorrido numa escola	Notícia, reportagem, entrevista, depoimento, plebiscito, discurso de político, leis.

2.5 Sugestões de trabalho em sala de aula

Atividade: Escrevendo a partir de um evento deflagrador.

Sugestões de gêneros adequados: carta de reclamação, carta de leitor, ofício.

Orientações e objetivos: apresente para todos os alunos um mesmo evento deflagrador. Vou sugerir, dentre tantos outros, o seguinte: uma pessoa comprou um celular, o qual apresentou defeito na primeira semana de uso. Depois de ir à loja reclamar, nenhuma providência foi tomada. Peça para cada aluno, a partir deste evento deflagrador, escolher um gênero que poderia ser usado para resolver o problema. Oriente os alunos a definirem com clareza o seguinte: se o gênero é escrito ou oral; quem será o interlocutor; o tipo de linguagem a ser utilizada; quais serão os propósitos comunicativos. Esta será uma boa oportunidade para checar o repertório de gêneros dos alunos e também para despertar neles o interesse para conhecer novos gêneros. Sugestões de outros eventos deflagradores que podem ser utilizados: acaba de ser lançado um DVD de um grupo de *rock* muito famoso; todos os alunos da sala terminaram de ler um romance; tem havido muita falta de professores na escola onde os alunos estudam; foi ao ar nos principais canais de televisão uma publicidade contendo preconceito velado sobre negros; um professor da escola sofreu um grave acidente e está hospitalizado.

Atividades envolvendo a noção de evento deflagrador são do tipo que fazem associação entre situações e gêneros, e objetivam aprimorar a capacidade dos alunos para produzirem textos a partir de situações reais. Quando mais os eventos deflagradores fizerem parte da vida dos alunos, mais chances terá a atividade de motivá-los.

Atividade: Inferência do evento deflagrador.

Sugestões de gêneros adequados: cartas de leitor, tuítes, tirinhas, horóscopo, notícias, bilhetes, resenhas de livros.

Orientações e objetivos: oriente cada grupo a trabalhar com textos de um único gênero, com o objetivo de discutir as seguintes questões: a) qual o evento deflagrador de cada texto? Qual o evento deflagrador predominante nesta amostra de gênero? Sugira relatos orais que detalhem como eles fizeram para descobrir o evento deflagrador.

Discussão sobre os eventos deflagradores mais comuns na vida dos alunos. Promova uma discussão com os alunos para avaliar a presença dos eventos deflagradores em sua vida cotidiana. Os seguintes temas podem ser discutidos: O que mais os motiva a falar com os colegas? O que mais os motiva a escrever para os amigos através das redes sociais? Quais são

> os eventos deflagradores de gêneros escritos mais comuns em suas vidas?
>
> **Propondo um evento deflagrador como um mote para a produção de texto.** Solicite que cada grupo elabore um evento deflagrador bem específico e bem delimitado em dado contexto social. Depois da elaboração, troque as propostas de modo que cada grupo elabore um texto coletivo para atender ao evento deflagrador proposto por outro grupo. Depois solicite que cada grupo avalie a produção escrita direcionada ao evento deflagrador que eles criaram.

2.6 O tema dos gêneros

O tema dos gêneros não pode ser visto apenas como o assunto de cada texto isolado. Fiorin (2006) diz que o tema é o domínio de sentido de um gênero, querendo chamar atenção para o fato de que uma classe histórica de textos tende a tratar preferencialmente de certos temas e de um certo modo.

Cada gênero tem um conjunto de assuntos particulares mais ou menos previsível, sendo comum também que estes assuntos recebam um tratamento temático de um modo relativamente previsível, de acordo com o gênero de que participa. Por isso, quando conhecemos o tema de um gênero somos capazes de criar alguma expectativa em relação ao que será tematizado em certos textos.

Por exemplo, um dos temas das notícias são os acontecimentos reais recentes e considerados relevantes e surpreendentes por uma comunidade discursiva, e de fato, estes assuntos são tratados como sendo relevantes e não como se fossem triviais. Já o tema das piadas é a ridicularização e o rebaixamento de diversos atores da vida social (negros, padres, loiras, políticos, homossexuais, gaúchos e muitos outros). Note-se que no caso das piadas o que caracteriza o tema do gênero não são apenas as temáticas em si, mas um tratamento negativo e pejorativo conferido a elas. Entre os temas dos artigos científicos encontram-se as novas descobertas científicas produzidas com base em teorias e metodologias reconhecidas pela comunidade científica.

Em síntese, o tema dá conta do modo como recorrentemente as pessoas têm falado sobre certos assuntos em gêneros específicos, mas é claro que os temas, como bem disse Bakhtin [2003 [1979]] são relativamente estáveis, podendo sofrer variação e mudança.

Ademais, o tema do gênero oferece indicações acerca do que é preciso dizer explicitamente e do que pode ser tomado como pressuposto ou subentendido. Por exemplo, quem conta piadas sabiamente deixa de explicitar muitas informações porque neste gênero o humor se fundamenta fortemente nos implícitos e nos pressupostos. Já quando escrevemos um artigo científico e fazemos análises de dados, precisamos ser bastante explícitos quanto ao modo como interpretamos os dados, evitando deixar por conta do leitor o trabalho de tirar as conclusões. Muitos alunos iniciantes na vida acadêmica costumam fazer análises deixando muita interpretação implícita justamente por ainda não compreenderem que este gênero tende a requerer um tratamento bastante exaustivo, minucioso e explícito dos seus temas.

Conhecer os temas relativamente previsíveis para gêneros a serem trabalhados em sala de aula torna-se relevante pelo fato de possibilitar ao leitor fazer suposições estratégicas acerca dos textos que irá ler e/ou escrever. Se o aluno compreende o tratamento temático típico de um gênero, ele reunirá mais condições tanto para ler como para produzir textos de diversos gêneros.

A seguir apresentamos uma listagem (apenas sugestiva e não exaustiva) acerca de alguns dos temas relativamente estáveis em alguns gêneros.

Gênero	Temas relativamente estáveis	Tratamento conferido ao tema
Notícia	Fatos verídicos ocorridos recentemente	Realístico, factual, sensacionalista (em alguns casos).
Piadas	Inúmeros	Pejorativo, ridicularizador, caricato, depreciativo.
Prefácio	Novas obras científicas, artísticas ou literárias	Engrandecedor, meliorativo.
Editoriais	Acontecimentos políticos, econômicos e sociais de grande relevância social	Crítico e pejorativo em certos perfis de jornais; e meliorativo e laudatório noutro perfil de jornais.

2.7 Sugestão de trabalho em sala de aula

Atividade: Comparar o tratamento temático dado a um mesmo assunto em dois gêneros diferentes.

Sugestões de gêneros adequados: sugerimos aqui fazer a comparação entre o tratamento do tema idoso/velhice numa piada e numa notícia de jornal. Outras sugestões poderiam ser: o tema mulher em colunas sociais, em piadas e em propagandas para o dia das mães; o tema negro em músicas de axé e em piadas; o tema contraventor em notícias policiais e em editorias de jornal.

Orientações e objetivos: o objetivo desta atividade é promover uma compreensão empírica acerca dos modos diferentes como alguns gêneros tendem a tratar os seus temas, se de forma positiva ou negativa, se realista ou fantasiosa, se tendendo a mais neutra e com tomada de posição, se caricata ou cuidadosa.

A seguir temos uma piada (*Milagre televisivo*) e uma notícia de jornal (*Brasileiros são otimistas em relação à velhice*). Sugerimos que se faça uma discussão oral com posterior registro escrito dos seguintes questionamentos:

$\rightarrow$

O assunto dos dois textos é igual ou diferente? Justifique.

O tratamento dado ao tema da velhice nos dois textos é igual ou diferente? Quais são as semelhanças e diferenças?

O que aconteceria com esta piada se ela desse o mesmo tratamento ao tema velhice que foi dado na notícia?

E o que aconteceria com esta notícia se ela desse o mesmo tratamento ao tema velhice que foi dado na piada? Poderia haver alguma implicação para a empresa jornalística?

Comentário: aqui será importante instigar os alunos a descobrirem, entre outras coisas que: nesta piada, os velhos são tratados de modo caricato e pejorativo (o nome "casal de velhinhos", por exemplo, tipifica a classe de todos os velhos), como se todos eles fossem cheios de doença e não tivessem vida sexual. Mas a piada somente tem graça porque faz esta caricatura e ridicularização, coisa que se fosse feita no notícia de jornal poderia ser vista como um desrespeito aos idosos. Já a notícia trata os velhos de modo bem isento e neutro (o que pode ser visto no termo técnico "velhice"), visando oferecer informações realistas e factuais sobre os velhos, coisa que se fosse feita na piada não teria graça.

Milagre televisivo

O casal de velhinhos está assistindo um programa religioso na televisão. O pregador diz:

– Meus amigos, eu tenho um dom. Tenho o dom de curar as pessoas e gostaria que os telespectadores fossem beneficiados.

– Se você tem alguma parte do seu corpo que não está bem, coloque sua mão esquerda sobre o televisor e a mão direita sobre a parte do corpo... Eu prometo que você será curado, irmão!

A velhinha se levanta da poltrona, coloca uma mão em cima do televisor e a outra nas costas, para tentar curar a dor nas costas que tanto a incomodava. Em seguida o velhinho também se levanta e vai até o televisor. Ele põe a mão esquerda sobre o televisor e a mão direita na altura da virilha. Vendo a atitude do marido, a velhinha franze a sobrancelha e diz:

– Olha, velho, acho que você não está escutando direito... Ele disse que cura os doentes... Não que ressuscita os mortos!

Disponível em: <http://www.piadasdodia.com.br/mostrapiada.asp?id_piada=1958>. Acesso em: 12 maio 2011.

Brasileiros são otimistas em relação à velhice

Dos 12 países que participaram da pesquisa da Bupa Health Pulse 2010, o Brasil é o mais otimista em relação à velhice. O estudo realizado entre 10 de junho e 14 de julho de 2010 revelou que 17% dos entrevistados encaram com bons olhos a terceira idade. O índice global para o mesmo item é de 3%.

O levantamento também constatou que 46% dos 1.005 brasileiros entrevistados não se preocupam em envelhecer. Além disso, 95% deles não se consideram velhos. Detalhe: todos os pesquisados tinham acima de 54 anos.

Contudo, os índices do Brasil não são tão satisfatórios quando o assunto é planejamento. Enquanto na China 33% das pessoas fizeram economias para sua velhice, no nosso país apenas 7% se prepararam para esse momento da vida.

Mais preocupante ainda é a constatação de que 53% nem sequer começaram a pensar na velhice, deixando de se preparar financeiramente – somente 35% planejam usar as suas economias quando tiverem mais idade. A média mundial, contudo, é ainda pior: entre os entrevistados acima de 65 anos nos 12 países, só 22% separaram algum dinheiro para quando forem idosos.

Disponível em: <http://revistavocerh.abril.com.br/noticia/conteudo_598447.shtml>. Acesso em: 12 maio 2011.

CAPÍTULO 3
O CONTEXTO DOS GÊNEROS

Para se compreender satisfatoriamente um gênero é necessário também compreender os contextos nos quais os seus textos são produzidos e postos em circulação. E isso se dá porque, para as novas concepções de gêneros, existe uma relação indestrutível entre os gêneros e os contextos ou situações.

Mas é preciso definir com clareza o que significa contexto ou situação. Miller (2009) entende que a situação não é o espaço físico em si mesmo, mas resulta de uma definição e de uma compreensão feitas pelos usuários em relação ao ambiente em que se encontram ou que estão analisando. Ou seja, inseridos numa situação social e agindo de acordo com os papéis que desempenham na sociedade, os sujeitos constroem uma interpretação da situação na qual se encontram e respondem e ela com base nesta interpretação. Por exemplo, se um aluno interpreta uma sala de aula como uma situação de "repasse de informação" por parte do professor, agirá linguisticamente de um certo modo, por exemplo, fazendo poucas perguntas e esperando pela resposta pronta da parte do professor. Já se o aluno compreende a sala de aula como um espaço de "construção coletiva de conhecimentos", poderá adotar comportamento diferente, por exemplo, fazendo muitas indagações e encarando com alguma naturalidade o fato de o professor não conseguir responder prontamente a todas as indagações. Essa é mais uma razão para não se reduzir o gênero a uma forma fixa e pré-estabelecida para sempre: interpretando diferentemente uma mesma situação, os sujeitos podem oferecer respostas diferentes e, portanto, injetar mudanças no gênero. Mas como existem interpretações também parecidas, isso faz com que os gêneros mantenham-se "relativamente estáveis".

Com base neste raciocínio, Miller (2009) assim explica o percurso de surgimento de um gênero: uma situação retórica recorrente produz respostas recorrentes, as quais se transformam numa tradição, a qual passa a restringir as novas respostas para situações retóricas similares. Estimulados por um contexto, diz Miller (2009, p. 23-24), as pessoas geralmente passam a agir discursivamente de modo convencional porque aprenderam dos precedentes como agir de modo apropriado para atingir determinados efeitos sobre as outras pessoas. Isso ocorre com frequência no contexto escolar, pois no geral definimos nossa forma de ministrar aulas com base nas aulas a que assistimos nossos professores ministrando. Talvez mais do que nos manuais de didática, tomamos como referência as aulas a que assistimos para, a partir delas, construir o nosso estilo de dar aulas. Mas, como já sugerido, esta ação de aprender um gênero depende muito da compreensão da situação realizada por nós.

Seguindo Devitt (2004), vamos nos reportar a três tipos de contextos importantes para pensarmos sobre o ensino de gêneros: **contexto de situação**, **contexto cultural** e **contexto de outros gêneros**.

3.1 O contexto de situação

O contexto de situação corresponde à situação imediata na qual um texto é produzido e posto em circulação, o qual pode incluir o tempo, o espaço físico e o suporte onde o texto é produzido e posto em circulação, os interlocutores presentes ou presumidos (supostos), além dos outros textos não presentes mas levados em conta. Mas não devemos esquecer, como frisa Devitt (2004), que nem tudo que faz parte da situação física imediata importa para o contexto de situação (como a temperatura e a pressão atmosférica, por exemplo, que podem não ter importância nenhuma para muitos gêneros). Em outras palavras, o contexto de situação inclui apenas os aspectos do entorno físico, ambiental e discursivo que têm alguma importância para a produção e compreensão dos textos, além de elementos que não estão presentes fisicamente mas que exercem influência, como outros textos e leitores presumidos. No caso de uma carta de leitor, o contexto de situação certamente inclui o missivista (aquele que escreve a carta), a empresa jornalística onde a carta será eventualmente publicada, os leitores presumidos do jornal, a cidade onde o jornal é produzido, o momento atual e recente da escritura. É notável que, para este gênero, o tempo que conta é o imediato e presente. Já para gêneros como romances e contos, o tempo que conta para a interpretação do contexto de situação é de uma escala muito mais ampla.

Dois elementos extremamente importantes para o contexto de situação são os interlocutores e os papéis que eles desempenham na interação. Por isso, é de se esperar que o aluno, ao aprender um novo gênero, compreenda que papéis sociais ele pode desempenhar ao tomar a palavra (de aluno, de filho, de cidadão de um país, de leitor de um jornal, de um jovem rebelde, de amigo, para citar alguns). Ademais, precisa também entender qual o papel social do interlocutor a quem ele se dirige, de modo a adequar a ele o seu discurso (ou subverter consciente e responsavelmente, se for o caso).

Análise. Acreditamos que uma parte importante do trabalho do professor é criar condições para que os alunos adquiram e desenvolvam conhecimentos particulares e relevantes sobre os modos de funcionamento dos gêneros a serem abordados. Para isso, é fundamental que o próprio professor seja um conhecedor do repertório de gêneros que ele usará, de tal forma que possa oferecer segurança aos alunos em relação a características marcantes, realistas, particulares e situadas de cada gênero (e não regras abstratas e demasiadamente gerais). A análise apresentada à frente visa a exatamente isso: apresentar um conjunto de explicações acerca do contexto de situação que constitui uma charge de jornal e nos parece de fundamental importância para o trabalho de compreensão de charges particulares. Acreditamos mesmo que o professor precisa oferecer explicações bem claras acerca dos contextos dos gêneros para os seus alunos.

Ilustramos abaixo o contexto de situação a partir de uma charge publicada no jornal *Folha de S.Paulo*:

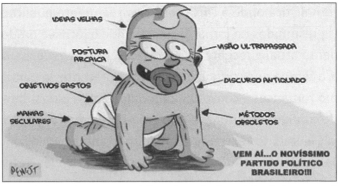

Disponível em: <http://www1.folha.uol.com.br/fsp/opiniao/inde10032011.htm>.
Acesso em: 10 mar. 2011.

Lendo a charge acima podemos dizer que o seu contexto de situação inclui e é articulado pelos seguintes elementos:

- um acontecimento específico, qual seja, o lançamento de um novo partido político encabeçado pelo prefeito de São Paulo na ocasião, Gilberto Kassab. Para as charges em geral e para esta particularmente, o conhecimento por parte do leitor acerca do acontecimento real tomado como objeto de crítica é mesmo uma condição para a compreensão da charge;

- a empresa *Folha de S.Paulo,* a qual todos os dias produz, divulga e analisa eventos da vida social, muitos deles através de charges;
- o chargista autor da charge, semiotizado no texto através de sua assinatura no canto inferior esquerdo. É importante salientar que o chargista entra no contexto de situação exatamente pelo papel socioprofissional que ele desempenha, ou seja, como um artista que cria textos cômicos, satíricos e críticos, os quais exigem bastante inferência da parte do leitor para a construção do sentido. Importa também levar em conta que um chargista pode fazer críticas bem contundentes e "pesadas" a diversos atores da vida social, sem que seja processado judicialmente por isso;
- os leitores presumidos do jornal (pessoas das classes médias brasileiras). Provavelmente o ponto de vista defendido na charge sobre a política brasileira é compartilhado pela grande maioria dos leitores deste jornal. Este leitor também é presumido como sendo dotado de uma série de habilidades de leitura (inferência, leitura global, articulação entre semioses diferentes e relacionamento entre texto e contexto).

3.2 O contexto cultural

O contexto cultural, mais amplo que o contexto de situação, inclui conjuntos de valores, crenças e ideologias que fazem parte de comunidades discursivas que compartilham gêneros. O contexto cultural de gêneros pode ser exemplificado claramente na dissertação escolar. Este gênero foi produzido da forma como o foi para atender a valores difundidos na comunidade escolar, como o apagamento da subjetividade nos momentos de reflexão, a crença na homogeneidade da linguagem padrão e formal, a concepção da supremacia da escrita ante a oralidade. Estes valores e crenças constituem um contexto cultural que, de certa forma, alimentou o gênero dissertação escolar, mas que, em contrapartida, precisou também da dissertação para ser mantido vivo. Muitos professores, ao ensinarem os alunos a escrever a dissertação escolar, podem estar também inculcando um conjunto de valores e crenças sobre linguagem, ciência, subjetividade e conhecimento.

O próprio debate hoje existente entre ensinar tipos de textos *versus* gêneros de texto, em parte, resulta de um conflito entre duas concepções e valores diferentes acerca do que sejam textos e gêneros. Ou seja, temos aí contextos culturais diversos polarizando entre si e potencialmente contribuindo para mudanças nos gêneros escolares.

O trabalho com o contexto cultural dos gêneros em sala de aula pode ser bastante produtivo para os alunos compreenderem um pouco mais sobre como valores e concepções são mantidos e difundidos por grupos sociais. Trata-se de um convite para um trabalho interdisciplinar entre estudos de língua e estudos de disciplinas como história, ciências, geografia e outras.

3.3 Contexto de outros gêneros

O contexto de outros gêneros é um contexto composto pelo conjunto de gêneros que exercem influência uns sobre os outros no momento presente ou no processo de formação de um novo gênero (cf. DEVITT, 2004). Quando observamos os usos efetivos dos textos em situações reais logo nos damos conta de que os gêneros não existem isoladamente, nem possuem uma realidade inteiramente própria e apartada dos outros. Ao invés disso, o que se dá mais comumente é que os gêneros respondem uns aos outros, complementam-se, rivalizam entre si ou servem como referência para o surgimento de novos gêneros. Poderíamos dizer que os gêneros têm um comportamento parecido com os seres vivos, os quais formam cadeias responsáveis pelo seu sustento e sobrevivência.

Tomemos o exemplo de uma charge publicada num jornal. Qual é o seu contexto de gêneros? Como ilustrado na Figura 1, o fato de as charges comumente serem publicadas nas páginas de opinião dos jornais já oferece indícios de que elas comungam um funcionamento com editoriais, cartas de leitor e artigos de opinião, qual seja, o fato de expressarem uma avaliação sobre os fatos relevantes e recentes de uma sociedade. Embora diferentes, estes gêneros se inter-relacionam, constituindo um contexto pelo fato de poderem compartilhar informações e pontos de vista e pelo fato de convidarem os leitores a fazerem associações entre eles. Mas há gêneros que não se fazem presentes nesta mesma página de jornal, mas participam do contexto de gêneros da charge, como é o caso da caricatura, da tirinha, da piada. Este contexto de gêneros fundamenta-se no fato de que estes três gêneros possuem propósitos comunicativos e elementos composicionais semelhantes. Já as notícias fazem parte do contexto das charges porque é muito comum que uma charge tenha como evento deflagrador um fato relatado numa notícia.

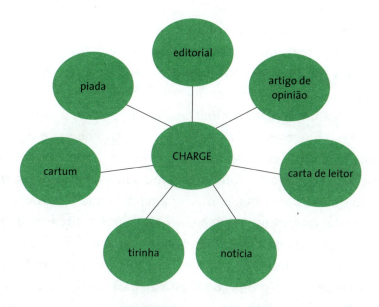

Figura 1. Contexto de outros gêneros relacionados à charge.

Interessante notar que na mesma edição do jornal apareceu uma reportagem intitulada *Parlamentares do PSB apoiam união com Kassab*, na qual se expõe o ponto de vista de parlamentares favoráveis e contrários à criação do novo partido. Se na reportagem o jornal se isenta de emitir opinião sobre o fato relatado, o mesmo não ocorre na charge, a qual expõe claramente uma avaliação do chargista (mas também, indiretamente, da *Folha de S. Paulo*) sobre o episódio.

Uma das grandes finalidades de se conhecer o contexto de outros gêneros é facilitar os processos de aprendizagem e apropriação de novos gêneros, já que o domínio de alguns gêneros antecedentes pode ser muito útil para a apropriação de um gênero desconhecido por um usuário. Em tese, quanto mais gêneros diversos uma pessoa efetivamente domina, mais chances ela tem de aprender novos gêneros pelo fato de dispor de mais conjuntos de gêneros e poder usá-los em novas situações. Pesquisas têm demonstrado que, quando as pessoas se deparam com situações em que precisam produzir um gênero desconhecido, elas se apoiam no seu repertório de gêneros.

Esta concepção de contexto e situação tem várias implicações para o ensino, como no caso das tarefas escolares que, muitas vezes, sequer consideramos como gêneros. As tarefas escolares são executadas numa situação muito particular, qual seja, um aluno vai se comunicar com um professor para informar-lhe o que ele está "careca" de saber. Isso obriga o aluno a suspender uma série de estratégias de comunicação que ele aprendeu em sua vida cotidiana, como aquela regra pragmática tácita que nos orienta a não dizer aquilo de que temos certeza que nosso interlocutor já sabe. Acontece que a situação da tarefa escolar não concebe o interlocutor como aquele que vai ser informado de algo, mas como aquele que, embora conhecendo suficientemente alguma coisa, está ali para avaliar se o locutor também sabe. Muitos alunos podem não oferecer respostas apropriadas porque concebem esta situação como semelhante àquelas da vida cotidiana em que falamos de modo econômico e lacunar, deixando muita coisa subentendida e pressuposta porque contamos com a cooperação do ouvinte. Neste caso, seria mais apropriado, nos primeiros anos escolares, gastar algum tempo explicando para os alunos como são as situações escolares e não aguardando que eles descubram isso por um penoso processo de ensaio e erro.

Dificuldades de escrita e leitura podem ser decorrentes de uma precária ou insuficiente compreensão da situação na qual o texto circula. Tenho colhido um exemplo interessante com meus alunos de graduação iniciantes no curso de Letras. Quando são solicitados a escrever um projeto de pesquisa, muitas vezes, logo no início do texto, já colocam algo equivalente aos resultados de sua análise ou observação. Isso ocorre porque eles ainda não compreenderam a situação para a qual os projetos são elaborados: trata-se de um momento em que se está apenas programando um estudo a ser realizado e, mesmo que já se tenham claros resultados em mente, eles não são comumente explicitados neste momento. Este tipo de problema nos sugere que deveríamos, em sala de aula, quando da apresentação de práticas de escrita com novos gêneros, gastar um bom tempo discutindo as situações nas quais os textos serão inseridos e onde circularão. O raciocínio é que, ao compreender a situação e o contexto dos textos, os alunos terão muito mais facilidade para definir objetivos de escrita e pô-los em prática.

3.4 Sugestões de trabalho em sala de aula

Atividade: Reconstrução do contexto a partir de pistas do texto e do conhecimento do gênero.

Sugestão de gêneros adequados: artigos e colunas de jornais e revistas.

→

Orientações e objetivos: o pressuposto para esta atividade é que, a partir da leitura de textos e de conhecimento dos gêneros, podemos reconstruir os seus contextos. A partir dos três textos de colunistas a seguir, peça para os alunos inferirem qual o leitor presumido deles, ou seja, a que perfil de pessoas – quanto a idade, sexo, interesses temáticos e classe social – os textos preferencialmente se dirigem. Os três textos foram publicados em revistas ou encartes de jornal voltados para um público razoavelmente delimitado quanto a sexo, idade e classe social. Omitimos o nome dos colunistas e o nome dos meios de comunicação para provocar a necessidade de inferir o leitor presumido. É importante informar aos alunos que as colunas de jornal e revista se caracterizam, de modo geral, por serem publicadas com periodicidade fixa, serem assinadas por um jornalista ou outro profissional especializado, buscarem uma interação mais próxima com o leitor e tratarem de temas de interesse do leitor a quem se destinam. Para a atividade é importante que os alunos indiquem a partir de que pistas do texto eles foram reconstruindo um contexto (essa é uma forma de eles perceberem e avaliarem as relações entre gênero e contexto).

Texto 1
Arquivo dos sonhos empoeirados
17/08/2010
Na infância, somos as princesas e nossa casa/apartamento é o alto da torre que o príncipe irá escalar com toda a sua força e coragem. É engraçado pensar que não existe "felizes para sempre" (assim como não existem príncipes idiotas). Todos os dias são felizes e acreditamos que será assim para sempre.

Então, uma de nossas tias diz que o coelho da Páscoa é uma invenção para vender chocolate. Aprendemos a entrar na internet e o mundo parece muito mais violento do que as armações da bruxa malvada. E o golpe final: nenhum daqueles amigos imaginários, os personagens de televisão, as brincadeiras, as aventuras, nada daquilo era real.

Por algum motivo, sonhar se torna proibido.

Por que paramos de sonhar?

Parar de sonhar é tão prejudicial à saúde quanto parar de respirar. Quando paramos de sonhar, a vida segue sem objetivo e, desta forma, nosso futuro é decidido pelas coisas que não queremos.

Chamam isso de Lei de Murphy.

O maior sonho da minha vida sempre foi ser escritora (o segundo era ser cantora, mas eu nunca consegui entender essa história de Dó Ré Mi). Com o tempo, fui esquecendo essa obsessão de escrever e prestei vestibular para publicidade.

– O quê? Sonhar? Você está maluca? – era o que eu me perguntava todas as vezes em que a vontade de escrever voltava.

Resumindo, eu não tinha sonhos. A única coisa que eu não queria era ficar sem estágio. Adivinhe o que me aconteceu? Fiquei sem estágio. Demorou, mas eu achei uma vaga e a segunda coisa que eu não queria aconteceu: meu chefe era repressivo e me colocava para baixo. Os meses seguintes foram uma repetição das leis de Murphy e, então, em janeiro, eu voltei a escrever. Completei meu livro em dois meses, enviei para a editora e recebi a notícia de que seria publicado.

Texto 2

Nós, eles e o futebol

No dia em que a seleção joga, fica claro o abismo entre homens e mulheres. Muito mais do que em qualquer discussão sobre o feminino e o masculino. No mês que vem, assim que começar a Copa, o mundo vai se dividir: de um lado os homens; do outro, nós. Enquanto eles ficam grudados na TV, nenhuma atividade consegue fazer com que uma mulher se desligue totalmente. Quando amamenta seu filho, talvez. Mas mesmo nessa hora é capaz de olhar para a mão e lembrar que precisa ir à manicure ou que a geladeira está vazia.

Não há nada, nada que consiga fazer uma mulher se concentrar numa única coisa. Se está com os filhos, está pensando no homem; se está com o homem, está pensando nos filhos – e sempre com culpa, é claro. Quando anda ocupada na cozinha, preferia estar fazendo depilação; se fica em casa, costuma ter acessos de nostalgia relembrando os bons tempos em que, àquela hora, poderia estar tomando um dry martíni num banco de bar, com as pernas cruzadas e um salto bem alto. Talvez isso aconteça porque a imaginação feminina é mais rica e mais fértil do que a de qualquer homem. As mulheres são inquietas e ardentes; não conseguiriam jamais ficar durante 90 minutos vendo 22 marmanjos correndo atrás de uma bola. Consequentemente, não podem compreender como alguém consegue ficar paralisado diante de uma televisão. Durante a próxima Copa, todas essas diferenças se tornarão evidentes – bastará olhar para entender tudo.

Texto 3
Rabiscando o futuro

Corinthians e Flamengo, pelo gigantismo de ambos, que supera até incompetências e desvios, devem puxar o trem do futebol brasileiro em seu processo de concentração de riqueza, ou de crescente "espanholização".

O novo contrato com a Globo pela transmissão das partidas do Brasileiro favorece ainda mais tal encaminhamento. Mas, diferentemente do que acontece na Espanha e em outros países de poucos papões, aqui a história tende a ser um pouco diferente.

O Inter, por exemplo, caminha a passos largos para garantir seu lugar entre os maiores e, depois de muito bem-sucedido na campanha pelo sócio-torcedor, eis que o clube agora tem um gestor profissional, pós-doutor em economia pela Columbia University, de larga experiência na vida pública, ex-secretário da Fazenda do escandaloso governo Yeda Crusius, mas convidado pela presidente Dilma Rousseff para participar de seu governo.

Aod Cunha de Moraes Junior é um novo passo para arejar o velho ambiente de nosso futebol, e não será surpresa se o primeiro clube a imitar o Internacional vier a ser exatamente o Grêmio, porque no Rio Grande do Sul, diferentemente do que acontece em Minas Gerais e na Bahia, um rival costuma imitar o outro nas boas iniciativas, de maneira tal que um puxa o outro.

CAPÍTULO 4

PARÂMETROS PARA ENSINO DE GÊNEROS

4.1 Escolhendo o gênero adequado à situação

Um dado óbvio e assustador, às vezes, é que existem milhares e milhares de gêneros hoje em dia, com novos surgindo ainda mais, o que nos coloca o seguinte desafio: quais gêneros escolher para trabalhar em sala de aula? Quais são mais relevantes para a vida atual e futura dos alunos? Quais critérios podem ser usados para fazer esta seleção? Estas não são perguntas fáceis de responder, mas uma coisa é certa: toda vez que escolhemos um gênero, também fazemos opção por um conjunto de valores, crenças e saberes associados a cada gênero. Ou seja, escolher um gênero não se reduz a escolher apenas um conjunto de textos, mas trazer à tona aspectos sociais, culturais e políticos associados.

Um exemplo de uma escolha histórica

Durante muito tempo, nas escolas brasileiras, sobretudo no Ensino Fundamental, foram trabalhados predominantemente gêneros literários (contos de fadas, poesias, crônicas, romances, contos clássicos e modernos, fábulas tradicionais etc.). Nesta época, estes eram gêneros fortemente associados aos valores da cultura erudita e da norma padrão de linguagem. Como se tratava de gêneros da esfera secundária (ou seja, da vida pública institucionalizada), eles eram mais distantes da vida cotidiana de milhares de alunos e, portanto, mais difíceis de serem efetivamente apropriados. Creio ser possível dizer que a escolha exclusiva pelos gêneros literários naquele contexto se coadunava à proposta de ensino de uma norma prescritiva e tradicional de linguagem. Ou seja, era sobretudo por acreditar que os gêneros literários eram os representantes mais autênticos da norma erudita que eles eram eleitos para orientar o currículo do ensino de redação e de gramática. De certa forma, estes gêneros eram escolhidos porque se acreditava que, por serem produzidos pelos "bons" escritores, eles representavam a "boa" linguagem que deveria ser imitada e reproduzida pelos alunos.

Mas o que acontece quando um professor faz opção por incluir no currículo escolar gêneros da internet (*e-mail*, *blog* pessoal, bate-papo, rede de relacionamento)? Como se trata de gêneros que fazem parte da vida cotidiana dos alunos e que se prestam para estabelecer comunicação (também) entre os jovens, eles trarão consigo valores e saberes que já fazem parte do universo de segmentos juvenis. Ou seja, inevitavelmente os valores relacionados à vida urbana e moderna e à interação mediada por computadores também seriam levados para a sala de aula. Com isso, queremos chamar a atenção para uma tomada de consciência necessária em relação ao que significa escolher um gênero e não outro para trabalhar em sala de aula.

Embora os currículos escolares e os livros didáticos já façam seleções de gêneros para serem trabalhados em sala de aula, creio que esta prerrogativa não pode ser excluída do conjunto de professores de cada escola, os quais detêm mais conhecimento das necessidades comunicativas dos alunos e, portanto, reúnem mais condições de escolherem os gêneros a serem efetivamente trabalhados. Entretanto, para fazer isso de modo adequado, os professores hão de apresentar um grau desenvolvido de consciência genérica, ou seja, um conhecimento dos valores e ideologias associados aos gêneros escolhidos.

4.2 Enfoque linguístico e não linguístico (retórico)

Flowerdewb (2002, p. 91-92) defende que tem havido, em essência, dois enfoques para o ensino de gêneros:

- enfoque linguístico, o qual é focado na realização léxico-gramatical e retórica dos propósitos comunicativos incorporados no gênero. Seu principal objetivo é "ensinar aos estudantes as qualidades formais e organizadas de gêneros de modo que eles possam reconhecer estas características nos textos que eles leem e as usem nos textos que eles forem escrever" (p. 92). O enfoque linguístico "olha para a situação para explicar as estruturas gramaticais e discursivas" (p. 92);
- enfoque não linguístico (retórico), mais focado no contexto situacional, nos propósitos comunicativos, nas funções dos gêneros, e em atitudes, crenças e valores. Seu principal objetivo é "tornar os estudantes e profissionais conscientes das características situacionais e das funções sociais dos gêneros nos quais eles estão engajados" (p. 92). O enfoque não linguístico "olha o texto para interpretar o contexto situacional" (p. 92).

Como vemos, trata-se de dois objetivos diferentes, mas ambos fundamentais. Por isso, para um professor em sala de aula, não há razão para optar exclusivamente por um enfoque ou outro, mas fazer uso adequado das duas abordagens quando elas se mostrarem adequadas aos seus propósitos pedagógicos. Para dominar o uso de um conjunto de gêneros, o aprendiz precisa recorrer tanto aos elementos linguísticos como àqueles contextuais, retóricos e ideológicos. Quanto mais consciência tiver o aprendiz destes elementos e domínio para articulá-los de diversos modos, tanto melhor. Como já defendemos no primeiro capítulo, os gêneros são um lugar de fusão, e não de separação, entre elementos formais e funcionais. Por isso, parece-nos muito mais apropriado trabalhar o ensino de gêneros de modo que os alunos consigam compreender as relações entre os aspectos linguísticos e a dimensão contextual dos gêneros. Como Rodrigues (2005) defende, estudar os gêneros implica compreender as relações entre as dimensões verbal e social dos textos.

Contudo, é preciso levar em conta o perfil dos alunos para decidir qual enfoque usar primeiro. Em geral, há consenso que alunos com dificuldades maiores precisam de um ensino explícito e focado nos aspectos formais. O enfoque linguístico pode ser útil para alunos com baixa proficiência, já que os modelos prototípicos, embora não corresponda a textos autênticos, podem fornecer um modelo simplificado, o qual facilita uma aprendizagem inicial. Mas Flowerdewb (2002, p. 100) adverte que fazer uma descrição linguística não implica que necessariamente ela deva ser prescritiva. Por isso, mesmo trabalhando com o foco sobre a forma do gênero, é preciso evitar uma abordagem prescritiva. Um modo de fazer isso é discutir consistentemente com os aprendizes a natureza funcional e significativa da forma dos gêneros, ou seja, o fato de que a forma existe para atender às funções e de que a forma tem significado e valor cultural.

4.3 Ensinando o contexto dos gêneros

Greenwood (1994) descobriu que "a familiaridade com o contexto mais do que com os tipos de texto capacita os escritores a desenvolver as estratégias retóricas e linguísticas apropriadas para situações específicas" (p. 238). Esta evidência chegou para a autora através de um conjunto de relatos autobiográficos produzidos por adultos em sua carreira.

Um engenheiro relatou que o seu trabalho em uma indústria de engenharia tem um desafio extra a ser superado (em relação ao mundo acadêmico): é preciso salvaguardar a tecnologia para manter a competitividade. Assim, o documento técnico tem que convencer a audiência de que a companhia é líder numa particular área da tecnologia, mas somente uma pequena quantidade de informação pode ser fornecida (GREENWOOD, 1994, p. 239). Ou seja, nesta comunidade discursiva, um engenheiro precisa aprender a fazer uma comunicação oral num congresso sem explicar detalhadamente todas as suas descobertas. Neste caso, o domínio deste gênero neste contexto inclui a habilidade de saber camuflar informações, não ser muito claro, mas ainda assim falar de um modo que desperte a atenção da plateia.

Após entrevistas e encontros com professores, capacitadores de profissionais e empregadores, Greenwood (1994) descobriu que no mundo do trabalho os escritores parecem desenvolver proficiência quando:

- eles aprendem fazendo;
- eles compreendem que sua escrita tem uma relevância imediata ou futura;
- eles percebem que a escrita tem que ser trabalhada e que elaboração e correção são parte do processo de escrita;
- eles aprendem a tornar-se leitores críticos de seu próprio trabalho;
- eles são confiantes em sua habilidade de encontrar os requisitos dos recebedores de produtos escritos;
- propósitos claros para a escrita são oferecidos;
- *feedback* apropriado e construtivo é recebido;
- eles percebem a necessidade de melhorar sua escrita em meios particulares.

Essas descobertas nos indicam quão importante é estudar os contextos nos quais os gêneros são produzidos e quão relevante deve ser orientar os alunos a sempre fazerem avaliação da situação na qual se encontram a fim de fazer as escolhas mais adequadas quanto a estilo, tratamento temático, estrutura textual e modos de interação. Em outras palavras, a aprendizagem dos gêneros requer sempre um componente de raciocínio situado em práticas sociais de linguagem.

4.4 Ensinando a consciência dos gêneros

Amy Devitt (2009) defende que os gêneros podem ser um excelente objeto de ensino-aprendizagem, mas desde que eles sejam vistos com significado social e cultural. Devitt (2009, p. 3) defende que "a primeira e mais importante pedagogia de gênero, então, é a consciência de gênero do professor". Ou seja, o professor necessitaria compreender minimamente as funções, os valores e o papel social dos gêneros com os quais irá trabalhar em sala de aula. Precisaria também compreender aspectos ideológicos associados aos gêneros. Mas é claro que nenhum professor tem condições de possuir total consciência de todos os valores ideológicos de um gênero, até mesmo porque ele próprio está "embrulhado" nestas ideologias. Mas, dentro de suas limitações, o professor precisa ajudar o aluno a adquirir certo grau de consciência em relação às facetas ideológicas de um gênero.

Por exemplo, ao aprender a ler e/ou escrever notícias, o aluno pode tomar consciência de que o uso da terceira pessoa pelo redator não garante que a notícia seja isenta e imparcial, mas que se trata de um efeito de imparcialidade que se almeja. Ao aprender a escrever dissertações escolares, ele poderia adquirir consciência de que habitualmente não se fala, neste gênero, das experiências pessoais porque a escola segue a ideologia acadêmica de que o conhecimento não pode ser construído de modo subjetivo.

O certo é que, na prática, argumenta Devitt (2009), os professores não podem escapar dos gêneros porque, mesmo se tentarem ignorar os gêneros em suas tarefas de escrita e leitura, ainda assim os alunos farão uso dos gêneros que eles conhecem para tentar interpretar o que seus professores estão deles solicitando. Não importa se tendo um rótulo genérico em mente ou não, os alunos desenvolvem suas atividades de escrita de acordo com certas expectativas genéricas, ou seja, eles se apoiam e tomam por base uma estrutura composicional geral e propósitos comunicativos já por eles vivenciados e reconhecidos. É por conta deste saber, inclusive, que eles terminam por dominar gêneros obscuros, como certas tarefas e provas escolares, às quais eles nunca têm acesso pleno. Um aluno raramente lê uma questão respondida que possa lhe servir de referência, mas termina, por ensaio e erro, concebendo como seria uma resposta adequada a cada um dos seus professores. Ele construiu uma expectativa genérica com base nas situações vivenciadas em sala de aula com cada professor.

Devitt (2009) assume que toda pedagogia de gênero parte de algum fundamento teórico e que pedagogias sérias compartilham a ideia de que os gêneros são de natureza interdisciplinar já que envolvem diretamente aspectos linguísticos, sociais e culturais. Contudo, adverte, diferentes pedagogias de gênero resultam de enfatizar diferentes preocupações teóricas. Umas enfatizam mais a linguagem e as formas; outras centram-se prioritariamente nos objetivos compartilhados e nas estruturas sociais; e há aquelas que focam principalmente na habilidade para mudar os gêneros. Isso equivale a dizer que focar sobre diferentes fundamentos teóricos leva a focar sobre diferentes respostas pedagógicas e que, em contrapartida, diferentes respostas pedagógicas para compreensões teóricas compartilhadas emergem com diferentes objetivos para os alunos. Um gênero é uma realidade bem complexa e, por isso, seu ensino requer escolhas e prioridades, muito embora o aluno precise ser orientado a formar uma compreensão global de cada gênero trabalhado com ele em sala de aula.

Com isso estamos querendo chamar a atenção para a grande responsabilidade acerca da escolha dos gêneros a serem trabalhados em sala de aula. Um critério preferencial seria que os gêneros escolhidos pudessem oferecer respostas satisfatórias aos anseios e necessidades retóricas da maioria dos alunos e de sua comunidade discursiva. Ou seja, uma boa dose de sensibilidade cultural e política pode ser bem-vinda para o processo de escolha dos gêneros. Talvez se pudesse mesmo dizer que a escolha dos gêneros devesse ser uma coisa discutida no seio do projeto político-pedagógico de uma instituição de ensino, já que os gêneros ajudam a pensar em práticas de linguagem coerentes com os objetivos pedagógicos e políticos de uma escola. Suponhamos que uma escola elenque como um dos objetivos político-pedagógicos de seu trabalho incentivar os alunos a acompanharem criticamente a mídia jornalística e televisiva de sua cidade. Neste caso, seria fundamental incluir notícias, reportagens, cartas de leitor e artigos entre os gêneros preferenciais para as práticas pedagógicas.

CAPÍTULO 5
SOBRE O ENSINO DE GÊNEROS

5.1 Equívocos (ainda) comuns do ensino de gêneros

É necessário ter muita clareza acerca do que significa planejar um ensino da linguagem com base na noção de gêneros para que não caiamos na armadilha de apenas mudar os nomes e os rótulos, qual seja, bradar que "agora ensinamos e trabalhamos gêneros", mas sem que isso signifique uma mudança substancial (e positiva) nas práticas de ensino-aprendizagem. Por isso, precisamos pensar e planejar, buscando apoio teórico relevante, as práticas que urgem tomar parte do cotidiano escolar a fim de que, de fato, orientemos os alunos a lidarem com a dinamicidade, a concretude, a riqueza e a utilidade dos gêneros.

Vamos começar elencando alguns equívocos que ainda se fazem ver ocasionalmente em livros didáticos e práticas de sala de aula e que julgamos não serem produtivos para o ensino-aprendizagem de novas práticas de linguagem fundadas efetivamente na noção de gêneros.

5.1.1 Apenas diversificar os exemplos

Nas últimas décadas, tem havido um interesse pedagógico muito intenso pela noção de gêneros, mas isso, nem sempre, tem se revestido em práticas coerentes com os conceitos e as concepções teóricas e metodológicas das novas concepções de gênero. Um dos equívocos comuns tem sido imaginar que se resolve a contento a aprendizagem dos gêneros apenas expondo os alunos a uma diversidade enorme deles, sem propor alterações na abordagem, nos eventos deflagradores, no conjunto de gêneros antecedentes, nos propósitos comunicativos e na seleção e reorganização dos textos. Se, por um lado, como bem enfatizou Bakhtin (1979), a heterogeneidade é uma realidade flagrante dos gêneros, por outro, o tratamento adequado dos gêneros não se esgota apenas na exposição assistemática a tal variedade. Quase nenhuma mudança efetiva e relevante ocorrerá se, mesmo expondo o aluno a uma gama variadíssima de gêneros, estes forem abordados apenas do ponto de vista formal (descrevendo seus elementos composicionais), conteudístico (apenas enfocando as informações contidas nos textos) ou classificatório (meramente agrupando textos sob um mesmo rótulo).

Além disso, diversificar excessivamente os gêneros em sala de aula pode levar ao risco da superficialidade e de alguma confusão conceitual e operacional. Ou seja, não se deveria diversificar em larga escala sacrificando um mínimo aprofundamento em cada gênero particular e em cada conjunto de gêneros inter-relacionados. Como veremos no próximo item, mais do que apenas diversificar os textos e gêneros, faz-se necessário diversificar os contextos e os modos de abordagem dos textos. Especificamente diversificar os contextos é de fundamental importância pelo fato de que gêneros diferentes significam, sobretudo, práticas sociais diferentes em situações percebidas como diferentes.

5.1.2 Abordar de modo igual gêneros diferentes

É um equívoco muito comum em livros didáticos e práticas pedagógicas abordar gêneros diversos de um modo mais ou menos igual, ignorando a diversidade e heterogeneidade existentes entre gêneros diferentes. Esse tratamento homogêneo pode ser visto quando, por exemplo, propõe-se um tema como ponto de partida para a produção de textos de gêneros diferentes. Ora, se observarmos os eventos deflagradores dos gêneros, veremos rapidamente que muitos deles não são motivados por um tema, como é o caso da carta de leitor (ver explicações detalhadas no capítulo 8), de panfletos, de notícias e de muitos outros. Nestes casos, não se escreve a partir de um tema, mas motivado por um fato ocorrido efetivamente e que, inclusive, pode estar relacionado a vários outros temas. Uma carta de leitor comumente tem como evento deflagrador uma notícia ou reportagem lida e um panfleto pode emergir a partir de uma decisão governamental, mas não apenas a partir de um tema.

A igualdade de tratamento para gêneros diferentes também pode ser vista em atividades de leitura que solicitam dos alunos quase sempre reconstruir a ideia principal do texto ou destacar seu conjunto principal de informações. Ora, não são todos os gêneros que têm como principal propósito comunicativo expressar uma ideia central, como é caso de poesias, piadas, receitas, manuais. Receitas e manuais, por exemplo, não podem ser sintetizados pelo fato de que todas as suas informações são relevantes e caso alguma delas seja ignorada a ação a ser desenvolvida pode resultar em erro. Muitas poesias não objetivam levar o leitor a reconstruir uma ideia central mas, ao contrário disso, solicitam dele expandir uma ideia sugerida, pensando em outros exemplos de sua vida pessoal. Se um gênero é uma classe particular de textos históricos, esta classe precisa ser abordada naquilo que é característico do seu modo de funcionamento. Em outras palavras, a variedade dos gêneros clama por variedade de abordagem nas atividades de análise, de leitura e de escrita dos textos.

5.1.3 Reproduzir acriticamente modelos estruturais

Outra confusão comum tem sido supor que a noção de gênero se esgota em reconhecer e reproduzir uma estrutura composicional, mesmo se vista como relativamente estabilizada. Esta visão é problemática porque o gênero não existe apenas enquanto estrutura, mas também enquanto uma expectativa dos usuários (existência cognitiva) e enquanto uma ação social (realização de propósitos socialmente compartilhados). Além (ou antes) de se manifestarem como um produto materializado nos textos, os gêneros existem como uma concepção organizada na mente dos usuários e, como os usuários estão inseridos em culturas diferentes, é de se esperar que não haja uniformidade nestas expectativas. Apenas reproduzir modelos estruturais de textos traz o risco do apagamento de concepções de gêneros realmente existentes na sociedade.

O perigo da reprodução acrítica da estrutura dos gêneros é cair em uma visão normativa ou prescritiva para textos, visão que já se mostrou muito contraproducente para o ensino de língua e gramática. Como temos enfatizado aqui, os gêneros são funcionais no sentido de que é a função comunicativa que pode governar a forma e fazer com que ela seja apropriada aos objetivos e não o contrário, ou seja, a forma governar a função. Parece mais interessante supor que os gêneros são entidades que estão à disposição dos usuários no sentido de opções e facilidades disponíveis, mas não como coisas compulsórias a serem seguidas obrigatoriamente *a priori*.

Além do mais, as estruturas composicionais são tanto variáveis (diferentes entre instituições, comunidades e grupos num mesmo momento histórico) como mutantes (diferentes numa mesma instituição, comunidade ou grupo em momentos históricos diferentes). Ou seja, a estrutura composicional dos gêneros é apenas um dos seus componentes, mas este é intensamente dependente de outros fatores, como o propósito comunicativo, as ações sociais e os contextos. Se os alunos forem educados para reproduzir acriticamente as estruturas textuais, poderão ter muita dificuldade para se adaptar a contextos profissionais complexos e mutantes, além de não estarem sendo estimulados a serem criativos. Aprender gêneros deveria significar também aprender a se adequar a contextos particulares e a oferecer respostas retóricas adequadas a situações bem particulares (ou a subverter conscientemente e responsavelmente certas expectativas que nos pareçam politicamente ou socialmente inadequadas).

5.1.4 Apegar-se excessiva e acriticamente à rotulação

Para encerrar a lista de equívocos, podemos mencionar o excessivo apego à atividade de rotulação e de classificação dos gêneros, como se ao classificar um gênero tivéssemos esgotado sua existência. Às vezes, parece que a questão central do estudo dos gêneros é apenas chegar ao consenso sobre qual é o nome adequado para rotular tal ou tal gênero. Comumente em cursos que ministro, as pessoas vêm logo com a pergunta: "Professor, como é mesmo o nome do gênero tal?"; "Pintura rupestre é ou não é um gênero?". Às vezes brinco e digo: "Por favor, me faça uma pergunta funcional sobre os gêneros, que isso me deixará mais feliz." Isso não significa que não se possa discutir a rotulação dos gêneros em sala de aula, mas ela precisaria ser vista com cautela porque os nomes dos gêneros podem ser enganadores quando eles permanecem os mesmos, apesar de os gêneros terem mudado significativamente. Por exemplo, usamos no geral apenas o nome *notícia* para referir classes de textos muito diferentes entre si. Basta comparar notícias produzidas para crianças com notícias voltadas para adolescentes e com notícias de esportes. Embora todas sejam rotuladas como sendo notícias, apresentam muitas diferenças temáticas, funcionais e estruturais entre si. Por isso, é comum que sob o mesmo rótulo possam existir classes de textos que bem poderiam ser consideradas como gêneros diferentes.

As classificações não podem ser vistas nem como leis naturais nem como leis jurídicas – melhor concebê-las como normas históricas, culturais e ideológicas e, portanto, passíveis de falta de consenso. Como disse Devitt (2004), uma classificação de gênero é muito mais uma metáfora do que uma equação. Ou seja, não se trata de um rótulo definitivo capaz de enquadrar um conjunto finito de textos, mas uma categorização que sugere uma forma de interpretar e de reconhecer classes de discursos.

5.2 Sugestões metodológicas gerais para o ensino de gêneros

Fazendo uma síntese dos pontos mais importantes das teorias sobre gêneros e da discussão sobre pedagogia de gêneros, vamos propor neste capítulo um conjunto de parâmetros gerais para o ensino-aprendizagem de gêneros nas aulas de língua portuguesa no Ensino Fundamental. Trata-se de indicações gerais, mas com foco bem determinado, que podem ser adaptadas e reformuladas pelos professores em sala de aula de modo a atender às necessidades comunicativas, cognitivas e políticas de seus alunos.

5.2.1 Trabalhando com classes e conjuntos de textos (e não com textos isolados)

Como já enfatizamos nos capítulos anteriores, os gêneros dizem respeito ao modo como os grupos sociais produzem, usam, fazem circular, agrupam e rotulam os diversos textos que utilizam em sua vida cotidiana pessoal e profissional. Por esta razão, o trabalho com gêneros em sala de aula precisa, antes de tudo, ser realizado não a partir de e com textos únicos, isolados e descontextualizados, mas com grupos de textos que possuem características funcionais e retóricas comuns ou parecidas e que podem nos ajudar a compreender como os grupos sociais interagem através da linguagem e satisfazem suas necessidades comunicativas. Em vez de visar apenas analisar textos isoladamente, como se fossem únicos, busca-se compreender as relações existentes entre grupos de textos e as características que são recorrentes.

Vejamos algumas atividades que podem ser realizadas em sala de aula tendo como finalidade este parâmetro.

Atividade de agrupar textos em gêneros

Dado um conjunto de textos relacionados a vários gêneros, os alunos podem ser encorajados e orientados a agrupá-los em seus respectivos gêneros. Por exemplo, um conjunto de textos pode conter notícias, reportagens, cartas de leitor, entrevistas; outro conjunto pode apresentar cartas, *e-mails*, bilhetes, convites; um terceiro conjunto poderia ser formado por contos, lendas, poesias, fábulas. Para fazer os agrupamentos, os alunos precisarão pensar sobre os elementos constituintes dos gêneros: tema, forma, propósito comunicativo, evento deflagrador, conjunto de gêneros, contexto situacional e cultural.

Naturalmente poderão surgir propostas de agrupamentos diferenciados pelos alunos, o que pode ser direcionado para uma discussão rica acerca da dinamicidade e versatilidade de cada gênero. Ou seja, havendo agrupamentos diferentes, será possível perceber/explicar que os textos não são resultado de normas determinadas de uma vez por todas, mas dependem de acordos, negociação (e conflito, às vezes) entre os usuários dos textos. Em função disso, os alunos podem perceber que os agrupamentos de textos dependem das características que foram escolhidas para classificar, o que explica o fato de que um mesmo texto possa ser classificado de maneiras diferentes.

Esta atividade também poderá trazer à tona a falta de consenso que muitas vezes existe em relação aos nomes (rótulos) dos gêneros. É possível que os alunos insiram textos em um mesmo grupo, reconhecendo que eles pertencem a um mesmo gênero, mas os rotulem de modo diferente. Neste caso, há uma compreensão comum de que se está diante de um mesmo gênero (uma mesma classe), embora se faça uso de nomeações diferentes. Isso pode facilitar um entendimento por parte dos alunos de que um gênero não se reduz apenas a um nome, mas vai muito além disso.

5.3 Sugestões de trabalho em sala de aula

Atividade: Compreensão do funcionamento de conjuntos de cartas de leitor.

Sugestões de gêneros adequados: cartas de leitor para adolescentes publicadas numa das edições do suplemento *Folhateen* do jornal *Folha de S.Paulo* (de 5 de abril de 2010), as quais aparecem ao final desta atividade.

Orientações e objetivos: as atividades objetivam facilitar a compreensão não das cartas tomadas isoladamente, mas enquanto uma classe histórica de textos, isto é, um gênero. Imaginamos que uma abordagem deste feitio ajuda os alunos a tomarem consciência de como um gênero é produzido e usado na vida social e, portanto, pode facilitar o domínio da capacidade de produzir novos exemplares.

Atividades sugeridas:

- Reconstrução com os alunos dos eventos deflagradores das cartas a seguir de modo a se perceber que eventos deflagradores predominam nesta amostra. Temos aqui um trabalho de leitura dos textos que convida os alunos a olharem não para os textos em si, isoladamente, mas para as relações entre cada texto e um acontecimento anterior a ele. Ou seja, no fim das contas é uma atividade de análise do aspecto social dos gêneros. Entre várias outras, o professor pode fazer para os alunos a seguinte indagação: *O que aconteceu que levou cada um destes leitores a escreverem estas cartas?*

- Reconstrução dos propósitos comunicativos destas cartas tanto do ponto de vista dos leitores como do ponto de vista do jornal. Aqui o importante é convidar os alunos a fazerem uma análise exploratória que pode levá-los a descobertas interessantes sobre a dinâmica dos interesses sociais envolvidos por intermédio dos gêneros. Sugerimos recons-

$\rightarrow$

truir o propósito comunicativo de cada carta e a montagem de um quadro com estes resultados. Depois pode-se fazer um quadro para registrar os propósitos das mesmas cartas, mas agora do ponto de vista do Folhateen. Será muito proveitoso se os alunos chegarem a formular as principais tendências quanto aos propósitos comunicativos de leitores e do jornal.

- Identificação dos temas e análise do tratamento temático presente nas cartas. Aqui estamos sugerindo fazer um levantamento dos temas presentes nestas cartas (Sobre o que falam as cartas?) acompanhado da observação do tratamento que é dado a eles (por exemplo: Fala-se de modo positivo ou negativo dos temas? Faz-se críticas ou elogios? O que predomina?). Também pode ser frutífero mapear quais são os alvos preferenciais das críticas (Jornalistas? Outros leitores? O jornal enquanto empresa?). Isso pode possibilitar aos alunos relacionar os temas aos propósitos comunicativos e perceber a interligação entre ambos.

- Análise do conjunto de gêneros. Aqui o que pode ser feito de interessante é estabelecer comparações entre estas cartas de leitor e outros tipos de cartas (cartas pessoais, comerciais) para observar diferenças e semelhanças. O professor pode convidar os alunos a fazerem descobertas interessantes sobre as diferenças entre as cartas de leitor do modo como são enviadas e do modo como são publicadas. A descoberta pode gerar também o conhecimento de que a carta de leitor é produzida coletivamente (além do leitor, inclui o editor do jornal). Outra sugestão é ver relações entre cartas de leitor e notícias, já que estas figuram com um dos eventos deflagradores daquelas.

- Realização de debate em sala de aula a partir da análise de gênero. O tipo de análise de gêneros que estamos propondo aqui pode ser útil para encorajar os alunos e dotá-los de ferramentas para formular críticas fundamentadas sobre práticas sociais. Com base nesta análise de gênero, duas questões, dentre tantas outras a serem potencialmente formuladas pelos professores, poderiam ser: a) Dá para dizer que o suplemento *Folhateen* mantém uma relação mais democrática ou mais autoritária com seus leitores? Pode haver alguma vantagem em um jornal publicar cartas que fazem críticas negativas a ele, como faz o *Folhateen* nesta amostra?

Serviço militar 1

Infelizmente, a reportagem "(In)Voluntários da Pátria" [ed. 29/3] passa longe das questões éticas envolvidas no recrutamento militar obrigatório. Os jovens são submetidos a uma pressão psicológica totalmente desnecessária para divertimento de soldados e oficiais. Todos que passaram pelo recrutamento sabem que isso ocorre, então por que não discutir a questão abertamente?

DANIEL COTRIM, São Paulo, via blog

Serviço militar 2

Na última edição, o *Folhateen* foi perigosamente parcial ao dar destaque a uma minoria israelense que se recusa a servir ["Lutar pra quê?", ed. 29/3]. Tenho família em Israel e sei na prática o que representa o Exército em suas vidas. "Um habitante, um soldado" é um slogan que todo israelense sabe que significa sua sobrevivência. O jovem israelense tem essa marca, doando-se à pátria dos 18 aos 40 anos. A reportagem falhou nisso também – na ativa, são três anos para o homem e dois para a mulher e, depois, um mês ao ano para todos, até completarem 40 anos. Em vez de mostrar o lado positivo de milhares de jovens servindo com orgulho ao país e a ansiedade dos pais, a reportagem mostra um pária que renega sua terra como um desertor foge de suas obrigações. Muito tendencioso e parcial, com uma vertente antissemita muito forte.

PAULO DE TARSO GUIMARÃES, 46, São Paulo

À flor da pele

Discordo da Fernanda Rangel, que criticou a série "Skins" ["Fale com a gente", ed. 29/3]. Não concordo com muitas das atitudes dos personagens, mas consigo me relacionar com as situações do enredo e apreciar as complexidades psicológicas. É questão de separar os excessos mostrados na série das mensagens que os criadores querem passar. Isso sim requer um bom senso crítico.

FELIPE DE OLIVEIRA, 17, Campinas, SP

Mais Adão

Nas últimas semanas, li várias críticas injustas ao cartunista Adão. Estão tratando-o como um bode expiatório, quando, na verdade, o problema de abuso sexual vai muito além. O diferente choca as pessoas, mas é ele que inova o mundo. Essas pessoas deveriam ter cautela em suas opiniões ou passar a ler, em vez do *Folhateen*, a *Folhinha*. Viva a democracia, abaixo a opressão.

GLEISON DE OLIVEIRA, 16, Franco da Rocha, SP

Álvaro fail

Ficou feio para o Álvaro Pereira Júnior ["A Morte Lenta de Revistas e Rádios", ed. 29/ 3]. Além de não ter assunto e querer dar uma patética "aulinha de inglês", foi corrigido por aqueles que ele tentava corrigir. Está na hora de o

> *Folhateen* colocar alguém que tenha mais a ver com o caderno. Álvaro Pereira Júnior já está mais pra lá do que pra cá. Vamos revitalizar isso aqui!!!!!
>
> **FELIPE MADUREIRA**, 27, São Paulo
>
> **Sugestão de pauta**
>
> Gostaríamos MUITO que vocês publicassem algo sobre o cantor e ator Drake Bell. Ele é mais conhecido por trabalhar na série "Drake & Josh", mas já fez filmes como "Colegiais em Apuros". Começou a carreira musical em 2001. Atualmente, trabalha em seu terceiro CD. O caderno tem público apropriado para isso! Esperamos de todo o coração que possam atender ao nosso pedido!
>
> **NATASHA, MARCELA e FELIPHE**, por *e-mail*

5.3.1 Trabalhando com o significado social e cultural dos gêneros

De modo geral, todo gênero é avaliado, explícita ou implicitamente, na comunidade discursiva ou grupo onde é utilizado e, por isso, é visto como dotado de valores e significados. Uma forma de identificar estes valores se dá, primeiro, na identificação dos textos específicos de instituições, grupos, comunidades e na discussão sobre os seus significados e valores nas atividades realizadas pelos membros de cada grupo. Por exemplo, a carta de leitor é um gênero existente em sociedades onde existe algum tipo de liberdade de imprensa. Do ponto de vista social, a carta de leitor indica que pessoas comuns podem participar, de algum modo, da construção de um jornal ou revista através da expressão de opinião e de sugestões sobre as pautas destes meios de comunicação.

A carta de leitor é um instrumento para discussão de questões públicas e não da vida particular dos leitores, o que a coloca como um gênero da esfera pública. No dizer de Bakhtin, trata-se de um gênero secundário. Fazer uso de uma carta de leitor implica dispor-se a participar da vida política e pública de uma sociedade, por um lado avaliando o que dizem as outras pessoas e, por outro, expondo-se a possíveis avaliações. Em suma, mostrar e discutir o significado social e cultural de um gênero é um passo inicial para a compreensão das suas funções. É por isso que a discussão em sala de aula acerca dos significados e valores de um gênero a ser estudado é um passo inicial a ser conduzido pelos professores, de tal modo que quando os alunos forem ler e escrever determinado gênero eles já disponham de conhecimentos prévios acerca dele. Isso, por si só, poderá favorecer a apropriação de um gênero por parte dos alunos. Talvez esta seja uma parte do trabalho que diga respeito diretamente ao professor, uma vez que os alunos poderão não conseguir fazê-lo por conta própria. Como já dispomos de muitas pesquisas no Brasil sobre variados gêneros, cremos não ser difícil ao professor localizar fontes bibliográficas que o auxiliem a levar informações relevantes para a sala de aula sobre os valores e significados dos gêneros que serão usados. As referências bibliográficas elencadas ao final do livro contêm várias obras que podem servir de fonte de pesquisa e estudo para os professores.

5.3.2 Compreendendo a fusão entre forma textual e conteúdo

Parece-nos importante levar para a sala de aula uma visão positiva dos gêneros, evitando associá-los com artificialidade e fórmulas prontas. Não se pode levar para os alunos a ideia de que um gênero é uma espécie de formulário complicado a ser "preenchido" em sala de aula. Em vez disso, parece muito mais estimulante levar a ideia de que um gênero é como uma massa de modelar, a qual pode ser manipulada de alguns modos, resultando em formatos com significados diferentes. Por outro lado, contudo, é importante que eles percebam que os formatos a serem criados não são inteiramente livres, mas dependem dos valores sociais e políticos dos interlocutores e que os contextos podem favorecer ou dificultar a manipulação com os gêneros. Ou seja, nem se trata de dar a entender que os alunos apenas seguirão modelos prontos, nem sugerir que podemos mudar os gêneros ao nosso bel-prazer.

Como já enfatizamos aqui, um gênero não é um produto estático, pronto, mas algo em constante movimento e mudança. Para que os alunos percebam este dinamismo, uma alternativa interessante pode ser levar textos de um mesmo gênero produzidos por instituições diferentes. Por exemplo, os alunos podem comparar entrevistas de televisão de canais diferentes e tentar localizar aspectos diferentes e iguais. Podem ser estimulados a observar os seguintes aspectos: Quem faz as perguntas? (Somente o entrevistador ou também pessoas da plateia?); Faz-se perguntas sobre a vida pessoal do entrevistado ou não?; O entrevistador olha mais para o entrevistado ou para a câmera?; Há somente um entrevistado ou vários?; Quais são os propósitos de cada entrevista? (Informar? Polemizar? Divertir?); O entrevistador faz perguntas que colocam o entrevistado "contra a parede" ou somente perguntas "boazinhas"?; O programa de entrevista é voltado para um público mais específico (jovens, mulheres) ou para o público em geral?

Este tipo de observação poderá levar os alunos a concluírem que o gênero entrevista é muito dinâmico pois, embora tenha aspectos comuns, apresenta também muitos aspectos diferentes. E, mais importante ainda, pode ser que eles percebam que os formatos diferentes dos programas de entrevistas provocam resultados e significados diferentes e atingem públicos diferenciados. Um passo mais adiante pode ser dado incentivando os alunos a se imaginarem editores de um canal de televisão e a elaborarem um projeto de um novo programa de entrevistas diferente dos já existentes.

5.4. Sugestões de trabalho em sala de aula

Atividade: Análise da fusão entre forma e conteúdo. Mediante a apresentação de um texto que resulta de uma combinação criativa e inovadora da relação entre forma e conteúdo, pode-se explorar o significado da fusão entre os dois elementos.

Sugestões de gêneros adequados: publicidades (as quais comumente fundem o conteúdo da publicidade com a forma de diversos outros gêneros), piadas, poesias e receitas poéticas. Aqui vamos explorar uma receita poética.

Orientações e objetivos:

- Leve para a sala a receita poética "Receita do verdadeiro amor" (transcrita a seguir).
- Solicite que os alunos identifiquem a qual gênero pertence a forma do texto. Depois discuta se o conteúdo usado aqui é o conteúdo típico de receita. Desafie-os a descobrir a que gênero é mais comum tratar do conteúdo que aparece neste texto. Após eles descobrirem a existência de uma fusão entre a forma de uma receita e os conteúdos de uma poesia, indague sobre o efeito de sentido desta fusão.

Comentário. O texto "Receita do verdadeiro amor" mostra uma fusão interessante entre forma e conteúdo. No caso, temos a forma de uma receita, comumente usada para orientar de modo rápido, claro e eficaz o preparo de comidas, sendo usada para expressar um conteúdo ligado aos sentimentos humanos. Sabemos que o amor é um tipo de sentimento difícil, complexo e cheio de subjetividade, enquanto o preparo de comida, embora possa ser complicado para algumas pessoas, pode ser aprendido com relativa facilidade. O que o autor do texto fez foi associar a forma de textos ligados a ações práticas e simples a um conteúdo complexo e subjetivo, induzindo os seus leitores a compreenderem que o amor também pode ser praticado e compreendido de modo relativamente fácil. Em outras palavras, a compreensão do sentido deste texto depende de uma leitura que busca interpretar os efeitos de sentido do modo como se relaciona a forma e o conteúdo do texto.

Receita do verdadeiro amor

300 g de paciência

1/2 kg de compreensão

1/2 kg de paixão

1 kg de alegria

2 kg de respeito e o principal

2 kg de diálogo

Modo de preparo:

Pegue os dois quilos de diálogo e misture com os 300 gramas de paciência, para vc aguentar os problemas do dia a dia, misture bem.

Em seguida adicione a compreensão para vc ajudar a pessoa com quem vc convive a suportar as dificuldades que tem passado.

Agora como tempero vc põe a alegria e a paixão. A alegria de estar ao lado da pessoa que vc ama, alegria de ajudar a quem vc ama, alegria simplesmente de ter a quem amar, e a paixão para dar um toque apimentado à relação.

E para completar a receita, coloque respeito, respeito pelos sentimentos da outra pessoa, respeito pelas opiniões e ideias da pessoa que vc ama e principalmente respeito pela pessoa que ela é, reconhecendo suas qualidades e ajudando-a a superar os seus defeitos.

Receita de Luiz Bigai, mais conhecido como Eu.

Disponível em: <http://br.answers.yahoo.com/question/index?qid=20060 816093257AAWEEyw>. Acesso em: 1 maio 2011.

CAPÍTULO 6
NOTÍCIAS NA MÍDIA E NA SALA DE AULA

Os jornais são veículos de comunicação para o exercício de várias atividades, sendo as duas mais importantes a divulgação da informação e a expressão de opinião. Tanto para a divulgação da informação como para a construção da opinião, três atores sociais são muito importantes: os jornalistas, os colaboradores e os leitores, a cada um dos quais determinados gêneros são mais diretamente ou exclusivamente associados. Jornalistas incumbem-se de notícias, reportagens, editorias e colunas; colaboradores encarregam-se de artigos de opinião. E o gênero por excelência de responsabilidade dos leitores é a carta de leitor.

Neste e nos próximos capítulos, trataremos de dois gêneros, a notícia e a carta de leitor. O primeiro identificado como fundamentalmente informativo e o segundo mais como fundamentalmente opinativo. Veremos que um adequado tratamento de cada um deles revela que essas duas características que parecem colocá-los em lados bem opostos não são propriedades intrínsecas, mas apenas funções mais ou menos predominantes de cada um em dado contexto.

Neste capítulo faremos uma descrição geral do gênero notícia, explicando sua relação com os contextos de uso, suas funções comunicativas, os eventos deflagradores recorrentes e outras características que, em conjunto e inter-relacionadas, particularizam este gênero e iluminam sua identidade retórica. Com isso, esperamos ajudar os professores a aprimorarem ainda mais a sua consciência genérica em relação às notícias.

Como temos frisado ao longo do livro, e seguindo sugestões de Devitt (2009), o grau de consciência genérica do professor tem um importante papel na condução do trabalho pedagógico pelo fato de habilitá-lo a desenvolver também a consciência genérica dos alunos e por favorecer a adoção de um modo dinâmico e flexível, embora criterioso, para lidar com a dinamicidade, variabilidade e flexibilidade do gênero.

6.1 O gênero notícia de jornal e seu contexto de produção e circulação

A notícia é um dos gêneros aos quais as pessoas estão mais intensamente expostas em sua vida cotidiana porque ela é difundida em inúmeros lugares e suportes (bancas de revista, televisão, rádio, jornal impresso, revistas, portais de *internet*, celulares etc.). Mesmo quando não as procuramos, as notícias chegam até nós sem "pedir licença" e se nos apresentam, exibem-se para nós como que clamando para serem lidas. Num portal de *internet*, o "cardápio" de notícias é quantitativamente assombrador, pois há dezenas e dezenas de notícias referentes às mais variadas temáticas. Tal oferta gigantesca visa chamar a atenção de pessoas dos mais variados perfis, gostos e tendências, mas, do ponto de vista dos internautas e leitores, isso pode gerar um "estresse cognitivo" frente à decisão sobre qual notícia ler (ou estrategicamente abandonar). Além do mais, hoje é comum que tenhamos acessado uma mesma notícia por várias vezes durante o dia e em suportes diferentes (rádio, TV, *internet*).

Podemos afirmar também que a notícia é um gênero que possui o *status* de um produto de consumo já que ela é vendida direta ou indiretamente aos consumidores. No caso de jornais escritos, ela é vendida diretamente quando o leitor compra ou assina um jornal (mas também indiretamente através dos anúncios). No caso de televisão, rádio e portal de *internet*, esta venda ocorre de modo indireto: o anunciante paga ao veículo de comunicação para exibir publicidade dos seus produtos, mais comumente circundando ou entremeando-se entre as notícias e as reportagens. Como consequência da exposição à publicidade, os consumidores podem comprar algum produto, por isso, em última instância, quem paga mesmo pela notícia é o consumidor, uma vez que os custos de exibição são repassados ao preço dos produtos a ele destinados.

Segundo Van Dijk (1988, p. 4), a palavra notícia, conforme usada hoje, implica que ela está relacionada à informação *nova* sobre acontecimentos *recentes* e *relevantes*, o que significa dizer que o tratamento temático limita o que pode ser noticiado: o fato precisa ser *novo*, *recente* e também *relevante*. Se o que é novo e recente pode ser definido de modo um tanto objetivo (em dias e horas, por exemplo), o mesmo não ocorre com o que é considerado relevante: um fato pode ser visto como importante por uma pessoa mas não por outra; pode ser muito interessante para dado grupo social e indiferente a outro.

Uma das formas recorrentes de garantir relevância decorre do uso da "retórica das emoções", a qual justifica tanta importância dada, no mundo ocidental, ao relato de crimes, acidentes e violência. É também a "retórica das emoções" que justifica o fato de os tabloides e jornais sensacionalistas venderem dez vezes mais que a imprensa dita de qualidade. Entretanto, por esta retórica tratar de fatos muitas vezes pesados e surpreendentes, eles necessitam de números exatos para lhes conferir credibilidade e veracidade (cf. VAN DIJK, 1988, p. 85). Ou seja, citam-se os números para criar ilusão de verdade e de veracidade e, por isso, no geral, não há tanta preocupação com exatidão e correções.

Vejamos no trecho da notícia a seguir a quantidade de números que nela aparecem, funcionando aí para construir a ideia de que se trata de um fato relevante e extraordinário ("são muitos voos afetados") e para conferir-lhe credibilidade e plausibilidade ("não são dados inventados, mas reais").

> Quase **100%** dos voos devem operar na Europa nesta quinta-feira depois que as restrições ao espaço aéreo de cerca de **20** países do continente foram canceladas, dando fim a quase uma semana de caos ocasionada pela nuvem de cinzas de um vulcão na Islândia.
>
> Segundo a Agência Europeia para a Segurança da Navegação Aérea (Eurocontrol), ao menos **22.500** voos – mais de **80%** – devem operar, comparados com **28 mil** em dias normais. Os voos acima de **20 mil** pés estão liberados, com pequenas restrições em algumas áreas da Finlândia e do norte da Escócia.
>
> Quase 100% dos voos devem voltar a operar hoje na Europa. *O Dia*, Teresina (PI), 22 abr. 2010.
>
> Disponível em: <http://www.sistemaodia.com/jornal/2010-04-22,2256>.
> Acesso em: 1 maio 2010.

É possível logo imaginar como esta tal relevância pode dar margem para manobras ideológicas na medida em que o que é relevante para um grupo pode ser induzido ou imposto, aberta ou veladamente, para outros grupos. Por exemplo, supostamente alguém do interior do Piauí pode ser induzido a considerar bastante relevante saber o que aconteceu no dia anterior com um *big brother* na cidade de São Paulo e considerar bem menos relevante (ou mesmo irrelevante) uma nova praga de insetos que está ameaçando a plantação de milho no vilarejo onde mora. Como vemos todo dia na mídia, o fato de pessoas poderosas terem dito uma coisa muito simples pode virar notícia, mas uma morte trágica ocorrida numa família pobre até pode passar em brancas nuvens. A viagem a mero lazer de uma pessoa famosa pode virar capa de revista, ao passo que a duramente alcançada viagem de um menino pobre para participar de uma olimpíada de ciências num país europeu pode passar em brancas nuvens na imprensa.

Tudo indica que discutir a relevância ou não dos fatos noticiados pode ser um tema importante para reflexão em sala de aula. Para tratar desta questão, uma atividade possível seria, dado um conjunto de notícias veiculadas num jornal brasileiro sobre problemas brasileiros, selecionar quais deles poderiam fazer parte de um jornal americano ou inglês que se destina a ser lido por gente do mundo inteiro. Ou, dado um conjunto de notícias veiculadas em um jornal local de uma cidade brasileira de porte médio ou pequeno, decidir quais delas poderiam dizer interesse para publicação em jornal de circulação nacional. Este trabalho poderia ser feito apenas a partir da leitura da manchete, ou do *lead* quando a manchete não for suficiente para esclarecer qual o fato relatado. Uma discussão desta natureza pode ajudar os jovens a entender o jogo de poder existente entre metrópoles e periferias (e também para pensar em como exercer influência para este jogo de poder sofrer mudanças).

6.2 As funções sociais e retóricas da notícia

As funções sociais e retóricas das notícias podem ser explícitas ou implícitas. Do ponto de vista da mídia, a função explícita é informar os leitores acerca dos fatos atuais e considerados relevantes para os grupos sociais. Da perspectiva dos leitores, o propósito pode estar associado à necessidade de se atualizar a respeito do que tem acontecido recentemente, o que faz com que eles se sintam regozijados quando ficam sabendo de um fato em primeira mão. Mas há funções implícitas, que não são inteiramente assumidas pela mídia, como promover as crenças e os valores dos grupos sociais dominantes (VAN DIJK, 1988, p. 82), fazer propaganda de certos produtos, fazer críticas implicitamente, induzir certos comportamentos, fazer propaganda política. As funções podem variar muito e não são totalmente previsíveis, por isso, em um trabalho de leitura crítica de notícias, é fundamental identificar também funções e propósitos implícitos ou novos.

O trecho da notícia a seguir claramente exemplifica a função de fazer propaganda de produtos – no caso, de um tipo de calçado.

> Na esteira do sucesso das sandálias rasteiras *Viver a Vida*, desenvolvida pela fabricante gaúcha Bottero (Parobé/RS) em parceria com a Globo Marcas, surge uma nova coleção de calçados. Estão sendo lançados dois modelos de *peep toes* em várias combinações de cores que, assim como os modelos anteriores, traduzem o estilo de personagens que dão nome às produções, desta vez: Isabel (Adriana Birolli) e Mia (Paloma Bernardi) – *ambas na foto ao alto, à direita.*

Novelas globais buscam sapatos de empresas gaúchas para compor figurinos. Disponível em: <http://www.clicrbs.com.br/especial/rs/donna/19,206,2878768,Novelas-globais-buscam-sapatos-de-empresas-gauchas-para-compor-figurinos.html>. Acesso em: 22 abr. 2010.

Parece que esta estratégia tem um forte apelo porque a propaganda aparece, por um lado, disfarçada no interior da notícia e, por outro, absorve a credibilidade e a plausibilidade que são comumente atribuídas às notícias. Contudo, uma leitura criteriosa poderia fazer um percurso diferente: em vez de contaminar a propaganda com a credibilidade da notícia, poder-se-ia impregnar a notícia com o interesse mercantil da propaganda e minar sua credibilidade.

6.3 O evento deflagrador da notícia

O evento deflagrador das notícias publicadas em jornais impressos é muito claro, delimitado e de uma grande universalidade, pois as notícias são, via de regra, motivadas pelos acontecimentos recentes e considerados relevantes. As notícias não podem ser fruto da imaginação, da suposição ou unicamente da reflexão de alguém; também, salvo casos extraordinários, não são motivadas por fatos ocorridos há mais de uma semana. O evento deflagrador precisa ter ocorrido hoje ou, na melhor das hipóteses, ontem – um fato ocorrido anteontem já goza de pouquíssima chance de virar notícia. Isso significa dizer que as notícias não deveriam ser inventadas, embora isso parcialmente possa ocorrer quando, por exemplo, instâncias oficiais pagam para que os jornais noticiem suas ações governamentais. Neste caso, o evento deflagrador não é exatamente um fato acontecido, mas o desejo de promoção política.

O evento deflagrador padrão das notícias (um fato recente) impõe uma restrição para o trabalho com este gênero em sala de aula: a necessidade de trabalhar com notícias recentes e com fatos ocorridos recentemente, sob pena de se ignorar um dos elementos mais centrais na definição do funcionamento deste gênero. Uma decorrência óbvia disso é que se se for trabalhar com produção de notícias em sala de aula, isso precisa ser feito respeitando o evento deflagrador: fatos reais, recentes e (considerados) relevantes. Mas é claro também que notícias antigas podem ser usadas, sobretudo para atividades de leitura, desde que se estabeleçam objetivos claros e coerentes ligados a pesquisas sobre o funcionamento do gênero.

Levando em conta o tempo entre ocorrência de um fato e sua transformação em notícia, o evento deflagrador e os propósitos comunicativos, devemos considerar que as propostas de produção de notícia em sala de aula precisam orientar os alunos a se voltarem para os fatos da vida real que ocorreram muito recentemente e escolher aqueles que podem ser considerados relevantes por leitores de um determinado perfil para então transformarem-nos em notícias.

6.4 Conjunto de gêneros relacionados às notícias

Pode-se dizer que há um conjunto de gêneros que são implicados na compreensão e produção das notícias porque pressupõem habilidades discursivas específicas que são, muitas vezes, também as habilidades necessárias para se ler e/ou escrever uma notícia; porque podem funcionar como eventos deflagradores da notícia ou ainda porque fazem parte dos contextos de recepção e de produção da própria notícia:

- relatos pessoais – o redator constrói o texto noticioso tomando por base os relatos de pessoas envolvidas e de testemunhas dos fatos. Em sala de aula é importante levar isso em conta para mostrar para os alunos que eles já detêm alguns saberes e habilidades discursivas relacionadas às notícias;
- entrevistas – a fim de coletar dados e depoimentos, os repórteres entrevistam os atores sociais envolvidos com os acontecimentos;
- charge – as notícias podem funcionar como evento deflagrador para charges publicadas nos dias subsequentes à publicação das notícias;
- editoriais e artigos de opinião – comumente são a expressão de uma reação-resposta avaliativa aos fatos noticiados;
- crônicas – muitas crônicas são produzidas a partir de notícias;
- fotografias – a presença de fotos ao lado das notícias acrescenta veracidade, credibilidade e/ou teor emotivo;
- propagandas – as propagandas são gêneros que circundam as notícias porque são elas que, do ponto de vista econômico, garantem a viabilidade do processo de produção e veiculação das notícias. Sem que tenham relação de sentido direto com os fatos noticiados, as propagandas estão ali do lado das notícias escritas e entre as notícias televisionadas ou transmitidas via rádio, "intrometendo-se" e buscando seduzir o leitor;

- comentários – a maioria dos jornais em suas versões *on-line* acrescentam uma sessão de comentário logo abaixo das notícias, com uma chamada do tipo "seja o primeiro a comentar esta notícia". Isso deixa claro que uma reação-resposta esperada para as notícias é de caráter opinativo – o que precisa ser levado em conta no trabalho em sala de aula;
- cartas de leitor – as cartas de leitor são um dos gêneros usados para os leitores comentarem e avaliarem tanto o conteúdo das notícias como o tratamento dado a elas pela mídia.

A observação do conjunto de gêneros das notícias pode motivar o professor a estabelecer relações entre os vários elementos deste conjunto de modo a ampliar a compreensão dos fatos relatados e a adquirir consciência genérica acerca dos processos de produção e circulação das notícias.

6.5 A estrutura composicional da notícia

A notícia é um gênero cuja estrutura composicional apresenta alguns elementos razoavelmente estáveis, embora estes possam se combinar de modos bem diversos. O fato de a notícia ser escrita num ambiente empresarial em que existe um conjunto de regras para orientar os modos de escrevê-la faz com que a estrutura das notícias adquira uma grande estabilidade, sobretudo no interior de cada empresa jornalística. No Brasil, os jornais de grande circulação nacional, como *Folha de S.Paulo, O Estado de S. Paulo* e outros, possuem os seus manuais de redação e estilo, os quais devem ser seguidos à risca por seus redatores. Esse tipo de funcionamento faz com que as notícias sejam escritas de um modo um tanto impessoal, não podendo o redator deixar marcas de seu estilo pessoal: o estilo que deve prevalecer é o estilo da notícia, conforme concebida em tal empresa, e não o do seu redator. Por esta razão é que é quase impossível, fora do contexto de edição e publicação, conseguir descobrir se uma notícia X foi escrita pelo redator Y ou Z. Também é claro que este rigoroso controle da estrutura composicional das notícias tem motivações ideológicas: a estrutura padronizada pode levar os leitores a crer que as notícias são imparciais e objetivas, mesmo sabendo-se que isso nem sempre acontece.

Segundo Van Dijk (1988, p. 53-54), a estrutura das notícias contém as seguintes categorias: manchete, *lead*, episódio (eventos e consequências/reações) e comentários. A manchete e o *lead* têm como função resumir o evento para captar a atenção dos leitores para os fatos relevantes que possam lhes dizer interesse. O episódio objetiva relatar em mais detalhes o fato noticioso, indicando os eventos que ocorreram e quais consequências ou reações eles provocaram; os comentários objetivam divulgar como atores sociais envolvidos direta ou indiretamente no fato – mas não o redator – avaliam o que ocorreu.

É interessante observar que esta estrutura busca atender às expectativas do leitor de jornal, o qual não dispõe de muito tempo para leitura e, por isso, precisa, com rapidez e eficácia, selecionar aquilo que lhe diz interesse. Ao colocar em primeiro plano o resumo do acontecimento principal, o redator possibilita ao leitor identificar rapidamente o evento central e decidir se deseja ou não continuar a leitura. Soma-se a isso o fato de a estrutura das notícias possibilitar ao leitor abandonar a leitura antes de chegar ao fim do texto, sem que ele deixe de entender o fato (pelo menos até onde ele deseja entendê-lo).

Mas é preciso analisar com muita cautela esta estrutura de notícia porque ela varia muito e pode-se mesmo dizer que muitas vezes não é seguida. Como as notícias são produzidas por inúmeros veículos de comunicação e visam atingir públicos bem diferenciados, elas acabam se diferenciando grandemente. Por isso, somente poderemos encontrar regularidade na forma e na função de notícias se levarmos em conta o perfil da empresa de comunicação que as veicula e o público a quem elas se destinam. Por isso é que notícias para segmentos de classes mais ricas podem diferir de notícias para segmentos de classes mais pobres; notícias para adolescentes podem ser bem diversas daquelas voltadas para mulheres adultas.

De modo geral, as notícias reorganizam os fatos não na ordem cronológica em que eles ocorreram, mas numa ordem de relevância: aparece primeiro aquilo que os redatores consideram que os leitores avaliarão como mais surpreendente, ou inusitado, ou fantástico, em suma, com alguma grande importância. Este tipo de estruturação pode lançar dúvidas sobre a possibilidade de as notícias serem imparciais e inteiramente objetivas: se os fatos são reorganizados em uma ordem diferente da qual ocorreram, esta transformação pode incluir visões subjetivas e privilégio de uma informação em detrimento de outra.

6.6 A aparência de verdade e de credibilidade da notícia

As notícias fazem uso de meios especiais para enfatizar sua aparência de verdade e de plausibilidade. Segundo Van Dijk (1988, p. 84-85), as principais estratégias para isso são:

1. Ênfase na natureza factual dos eventos através de:
    – descrições diretas de eventos em curso;
    – uso de evidência das testemunhas oculares;
    – uso de evidência de outras fontes confiáveis (autoridades, pessoas respeitáveis, profissionais);
    – sinais que indicam precisão e exatidão, tais como número de pessoas envolvidas e horário em que o fato ocorreu;
    – uso de citações diretas de fontes, especialmente quando opiniões estão envolvidas.

2. Construção de uma forte estrutura relacional para os fatos através de:

- inserção de fatos em modelos de situação bem conhecidos que os tornam relativamente familiares mesmo quando eles são novos;
- tentativa de organizar os fatos em estruturas específicas bem conhecidas, por exemplo, as narrativas.

Muitos jornais enviam os seus repórteres para os próprios lugares dos acontecimentos porque eles funcionam como testemunhas oculares dos eventos, com sua presença *in loco* fornecendo garantia para a veracidade dos fatos e, portanto, conferindo plausibilidade para a notícia. Entretanto, quando os repórteres não podem ser enviados, os "relatos de testemunhas oculares dados em entrevistas podem ser usados como necessários substitutos das próprias observações dos repórteres" (VAN DIJK, 1988, p. 86). Mesmo que o testemunho não seja verdadeiro, isso não tem tanta importância, pois "não é tanto a verdade real, mas a ilusão de verdade que é a sustentação da retórica da notícia" (VAN DIJK, 1988, p. 86). Quando a imprensa popular entrevista intensamente pessoas populares e testemunhas oculares dos fatos isso pode ter o seguinte efeito sobre os espectadores: é como se eles próprios tivessem visto os eventos. Isso, portanto, pode produzir o efeito de credibilidade, veracidade e autenticidade à notícia.

6.7 O estilo das notícias

No geral, o estilo das notícias exige as características do estilo de comunicação formal, razão pela qual os coloquialismos são evitados ou usados geralmente em citações entre aspas. Além disso, ele é repleto de palavras novas para denotar novos desenvolvimentos ou novas maneiras de olhar para as coisas velhas.

O estilo das notícias varia muito dependendo do perfil do interlocutor a quem elas se dirigem, do tema abordado e do perfil da empresa jornalística, mas é possível indicar algumas tendências. Em geral, o estilo das notícias inclui uma distância entre o escritor e o leitor (a tal impessoalidade), razão pela qual não há, em geral, o uso de "você" para se dirigir ao leitor, nem o uso de "eu" para se referir ao redator, não havendo, portanto, atos de fala diretos. Ou seja, o leitor é apenas presumido, mas não é incorporado ao próprio discurso (VAN DIJK, 1988, p. 74). Contudo, lembramos mais uma vez, isso não pode ser tomado como uma regra, e sim como uma tendência, até mesmo porque já encontramos um caso de uso da segunda pessoa em uma manchete de notícia:

Declare já o IR para fugir do congestionamento.

Disponível em: <http://www.agora.uol.com.br/grana/ult10105u723252.shtml>. Acesso em: 20 abr. 2010.

O uso da segunda pessoa na notícia ainda é raro, mas já há registro de ocorrência.

Os fatos contidos nas notícias nem relatam experiências pessoais, nem expressam crenças e opiniões privadas do redator e, por isso, o "eu" pode estar presente nas notícias apenas como um observador imparcial e um mediador dos fatos ou quando aparece no comentário de uma testemunha. Quando as notícias são assinadas não é para indicar expressão pessoal, mas como "identificação secundária de uma voz institucional" (VAN DIJK, 1988, p. 75). Por isso, as citações são uma poderosa estratégia para o jornalista evitar as restrições de parcialidade, ponto de vista, opiniões e crenças. Não podendo expressar o seu próprio ponto de vista, o redator seleciona pontos de vista de testemunhas, atores envolvidos e comentadores. Contudo, é muito comum que as notícias reproduzam acriticamente a hierarquia social na seleção e reorganização das fontes citadas. Por isso, pode-se dizer que uma notícia equilibrada e com muita isenção contemplará os vários pontos de vista diferentes envolvidos na ocorrência.

Diz Van Dijk que o estilo da notícia é controlado pelos possíveis tópicos do discurso noticiado. Por exemplo, o relato de um concerto *pop* tende a ser menos formal do que um relato sobre um grande líder político internacional. Ademais, pelo fato de ser sempre premida pelo prazo curto, a escrita da notícia deve ser rápida e, para evitar erros e mal-entendidos, ela é bastante rotinizada e segue padrões que podem ser apropriados para relatar fatos diversos.

Também em função do espaço reduzido, o estilo de escrita deve ser muito compacto (com bastante uso de nominalizações e orações relativas) (cf. VAN DIJK, 1988, p. 76). Além disso, há evidências empíricas de que a ordem dos elementos sintáticos e a escolha por estruturas passivas ou ativas revelam posturas implícitas dos jornais sobre os fatos. Por exemplo, quando as autoridades ou as instituições são responsáveis por atos negativos há uma tendência de expressá-los sintaticamente como agentes da passiva e não como sujeitos sintáticos ativos.

6.8 O tempo na notícia

A concepção de tempo recente é fundamental para a construção das notícias, o que foi inclusive sumarizado no dito popular que enuncia que *o jornal de ontem é velho* (em contrapartida, não se diz que um conto do *ano passado* é velho ou mesmo que o romance do século XIX o é). Enquanto o tempo de "validade" de uma reportagem de revista dura uma semana, nos jornais diários, este tempo "vale" por apenas 24 horas. Podemos inferir disso que é muito mais difícil selecionar um fato para virar reportagem semanal do que um fato a ser transformado em notícia diária porque, para gerar interesse tempos depois de ocorrido, um acontecimento precisa ser considerado imensamente relevante para milhares de pessoas. Talvez por isso, muitas vezes, os leitores percebam que a mídia está fabricando uma relevância muito maior do que aquela que o fato aparenta ter.

Com o advento da internet e seus portais, o tempo de "validade" das notícias tem se encurtado cada vez mais e elas estão passando a ser atualizadas minuto a minuto – sua validade agora pode durar efêmeros e fugazes minutos. Isso tem feito com que muitos internautas se desinteressem por telejornais e jornais impressos, já que o que estes noticiam será visto como velho em relação ao que foi acompanhado nos portais *on-line*.

Entretanto, tal voracidade temporal pode trazer inúmeras consequências, sendo uma delas condicionar os internautas a quererem se "atualizar" minuto a minuto. Para fazer isso, o critério de relevância precisa ser relativizado e ampliado exponencialmente, de modo que o internauta passe a ter interesse por uma miríade de fatos de variados tipos, origens, campos e procedências. Um perigo é a criação de uma dependência enorme e uma dificuldade de seleção e de filtro daquilo que é relevante.

Vejamos, na notícia abaixo, como é feita a indicação acerca do tempo.

GERAL 16/4/2010 (7 h 26 min)

Descarrilamento de trem deixa 15 feridos no Rio

Acidente ocorreu por volta das 6 h desta sexta-feira

Atualizada às 10 h 34 min

Pelo menos 15 pessoas ficaram feridas na manhã de hoje com o descarrilamento de um trem na estação de Deodoro, no subúrbio do Rio de Janeiro, segundo informações iniciais do Corpo de Bombeiros.

O acidente ocorreu por volta das 6 h, quando a composição de prefixo US 108 seguia de Santa Cruz para a Central do Brasil. Os bombeiros informaram que o trem saiu dos trilhos e teve um tombamento parcial. Não há registros de mortos.

De acordo com nota da Supervia Concessionária de Transporte Ferroviário, os trens do ramal Santa Cruz não estão circulando. Os técnicos da empresa já trabalham para normalizar as operações no trecho. Nos demais ramais o trânsito de trens está normal.

Pelo menos três ambulâncias do quartel do Corpo de Bombeiros de Guadalupe foram chamadas para socorrer as vítimas. Os bombeiros não souberam informar para quais hospitais os feridos foram levados.

AGÊNCIA ESTADO

Na notícia da página anterior, publicada no portal *on-line* do jornal *Zero Hora*, de Porto Alegre, vemos duas informações sobre o tempo de publicação: o primeiro, escrito sobre a manchete, indica o dia de publicação **(16/4/2010)** e o horário **(7 h 26 min)**. Veja que não é indicado apenas o dia, como fazem os jornais impressos, mas, com bastante precisão, a hora e os minutos da publicação. Logo abaixo da manchete aparece mais um dado temporal, indicando que a informação foi **atualizada às 10 h 34 min**. Outro indício da rapidez da informação é o trecho: "Pelo menos 15 pessoas ficaram feridas **na manhã de hoje** com o descarrilamento de um trem na estação Deodoro, no subúrbio do Rio de Janeiro, segundo informações iniciais do Corpo de Bombeiros." Os jornais impressos usam predominantemente o advérbio "ontem", mas os jornais *on-line* já fazem uso do marcador temporal "hoje".

6.9 As vozes sociais acionadas na notícia

Umas das formas de os jornais buscarem conferir maior isenção na cobertura dos fatos em suas notícias, evitando defender mais um lado do que outro envolvido, é dar voz a todos os envolvidos através das citações e dos depoimentos. O mais comum é que qualquer acontecimento envolva avaliações e pontos de vista diferentes em relação aos significados, às causas e às consequências dos fatos, sendo também muito corriqueira a existência de conflitos e divergências entre os envolvidos. Por esta razão é que uma notícia será mais isenta se der voz a todos os envolvidos sem

privilegiar, favorecer ou prejudicar um lado em detrimento de outro. Mas é claro que isenção total e objetividade absoluta são pra-
ticamente impossíveis e, por isso, os jornais comprometidos com
uma cobertura equilibrada buscam a maior isenção *possível*.

A presença ou a ausência de vozes sociais nas notícias, bem
como o espaço e o tratamento dados a elas, podem se revestir de
um excelente instrumento para fazer leitura crítica de notícias
em sala de aula. Vamos exemplificar a seguir como esta leitura
poderia ser feita em uma notícia publicada no jornal *Folha de
S.Paulo* (9/8/2004), que trata de um caso de "pirataria" de produtos industrializados.

PIRATARIA
**Produtos são apreendidos na alfândega do porto do
Rio; importadora da boneca Barbie enfrenta o mesmo
problema**

Nike manda destruir 45 mil pares de tênis falsificados
MARCELO BILLI, DA REPORTAGEM LOCAL

Cerca de 45 mil pares de tênis começaram a ser destruídos
ontem pela Receita no Rio de Janeiro. Os produtos, falsificações da marca Nike, foram apreendidos no porto da cidade.
A destruição foi solicitada pela empresa. Segundo Carlos
Eugênio Seiblitz, inspetor substituto da alfândega do porto
do Rio de Janeiro, existem 80 mil pares de tênis apreendidos.
Cerca de 75 mil são da marca Nike.

Ele explica que existem quatro destinos para bens apreendidos na alfândega: leilão, doação, incorporação para uso do
Estado e destruição. No caso de falsificação, a doação precisa
ser autorizada pelo detentor da marca. Segundo Katia Gia-
none, gerente de comunicação da Nike, a empresa opta pela
destruição para garantir a qualidade dos produtos compra-
dos pelo consumidor e para proteger a marca.

Ela afirmou que a empresa tem programas de auxílio à comunidade que não se misturam com o combate à pirataria. "Quando decidimos doar produtos, eles são originais", disse. Os tênis falsificados estão sendo destruídos por máquina comprada pela empresa especialmente para esse fim.

A Nike estima que entrem todo ano no mercado brasileiro 1 milhão de pares de tênis falsificados. Segundo Katia, a estimativa é que a empresa deixa de faturar, no Brasil, por causa da pirataria com seus produtos, R$ 50 milhões todo ano.

Outra empresa que enfrenta problemas com pirataria é a Mattel, que importa a boneca Barbie. Segundo Cristina Lara, gerente de produto da empresa, são vendidas, todo ano, no Brasil, aproximadamente 1,5 milhão de bonecas falsificadas. O número é idêntico ao de bonecas originais vendidas no mercado brasileiro. Cristina afirma que a pirataria de bonecas gera um prejuízo estimado em US$ 10 milhões para a empresa. "Isso não contabiliza a falsificação de outros itens, como roupas e acessórios", diz.

Ela afirmou que a empresa não tem programas específicos de combate à pirataria. "Estamos apenas há dois anos no Brasil e só descobrimos as falsificações quando elas chegam ao mercado. Não encontramos ainda um meio eficiente para combater a pirataria", afirmou Cristina.

A leitura pode ser feita tendo como objetivo:
- Com base em conhecimento prévio sobre eventos envolvendo pirataria, identificar quais são os atores sociais (os "lados") envolvidos nesta questão. Neste caso específico temos: governo federal, industriários, comerciantes, falsificadores, camelôs, consumidor pobre.
- Identificar no texto quais destes atores sociais são ou não ouvidos na notícia e têm sua opinião citada. No exemplo, somente

foram citados os industriários e o governo federal (através da alfândega). Comerciantes, falsificadores, camelôs e consumidores pobres foram silenciados.

- Com base neste levantamento, discutir o grau de isenção ou de adesão do jornal a algum dos lados envolvidos na questão.
- Elaboração de sugestões para refazer a notícia de modo que ela se torne mais isenta e mais equilibrada (menos tendenciosa) na cobertura do evento.

CAPÍTULO 7
SUGESTÕES DE TRABALHO COM A NOTÍCIA EM SALA DE AULA

Trabalhar com o gênero notícia em sala de aula, em acordo com o que estamos defendendo aqui sobre gêneros e sobre a pedagogia dos gêneros, exige alguns cuidados e decisões. Entre os cuidados estão: levar para os alunos a dinamicidade, pluralidade e riqueza do gênero, sem sufocá-lo em modelos formais, conteudísticos ou estilísticos; enfatizar a relação das notícias com os contextos onde elas são produzidas, procurando encontrar o sentido dos textos através desta relação. Por isso, as atividades de leitura e de escrita de notícias necessitam levar em alta conta as particularidades características do gênero notícia, ou seja, a abordagem pedagógica deve ser sensível ao gênero e aos seus contextos de uso.

Decisões didáticas dizem respeito às escolhas de conjuntos de notícias que possam favorecer o processo de aprendizagem, levando em conta critérios que são relevantes para o funcionamento das notícias, como: perfil dos leitores, temática, função comunicativa e eventos deflagradores, dentre outros. Como todo gênero é um universo gigantesco, levá-lo para a sala de aula requer sempre decidir quais exemplares escolher e sob que critérios – os alunos podem inclusive ajudar os professores a tomar estas decisões.

7.1 Trabalhando com a leitura de notícias

As atividades de leitura de notícias podem ser realizadas com vários objetivos distintos, mas é fundamental, qualquer que seja o objetivo definido, a necessidade de respeitar minimamente características contextuais, funcionais, interativas e formais das notícias. Embora, como muito bem explicaram Scheneuwly e Dolz (2004), o trabalho com gêneros em sala de aula inevitavelmente promova alterações em suas finalidades, já que o propósito de ensino-aprendizagem passa a compor a cena, ainda assim é possível manter várias das características do gênero tal qual ele funciona nos ambientes extraescolares.

Por isso defendemos que as atividades de leitura de notícias em sala de aula precisam incorporar os seguintes objetivos:

- reconstituição dos propósitos comunicativos (tanto explícitos como implícitos);
- identificação do fato relevante/recente relatado e apreciação das razões pelas quais ele foi escolhido;
- reconhecimento e apreciação dos recursos usados para a obtenção do efeito de veracidade e credibilidade;
- avaliação do grau de isenção em relação ao fato narrado e aos sujeitos nele envolvidos; avaliação da presença e ausência de vozes sociais e da importância a elas conferida;
- análise da função das fotografias que figuram ao lado dos textos;
- posicionamento do aluno-leitor em relação ao ponto de vista das vozes sociais citadas no texto.

Parece-nos muito relevante o relacionamento entre relato e comentário/opinião que as notícias sugerem. Se, por um lado, as notícias têm como função principal relatar os fatos de um modo o mais isento e equidistante, por outro, estes relatos funcionam corriqueiramente como eventos deflagradores de expressão e manifestação de opiniões. Isso é uma evidência de que editoriais, cartas de leitor, artigos e notícias compõem um conjunto de gêneros e dá a entender que em sala de aula um trabalho de análise, leitura e produção que leva em conta esta inter-relação pode ser mais produtivo. Com base nisto, é interessante montar coletâneas de notícias as quais contemplem relatos sobre fatos que geram polêmica e manifestação de opinião. Em outras palavras, um produtivo trabalho de produção de textos de caráter argumentativo (carta de leitor, artigo de opinião, charge) pode ser desenvolvido tendo como evento deflagrador a veiculação de notícias na mídia.

Um exemplo

Apresentamos a seguir um exemplo de intervenção em um texto noticioso de modo a orientar professores e alunos a fazerem uma leitura mais crítica e perspicaz. Apresentamos uma notícia publicada num jornal e, em seguida, um conjunto de indagações a serem feitas oralmente ou por escrito pelo professor. Gostaríamos de chamar a atenção para um modo de abordagem do texto que visa recuperar ao menos parcialmente a sua situação de produção, os propósitos comunicativos e o papel dos sujeitos e das instituições envolvidas em sua produção (ultrapassando uma análise diretamente formal ou conteudística).

7.2 Sugestões de trabalho em sala de aula

Atividade: Leitura crítica de notícias.

Nível de ensino a que é direcionada: Ensino Fundamental (série final – 9º ano), pelo fato de requerer um grau mais intenso de amadurecimento cognitivo e de estabelecimento de correlações entre saberes de várias disciplinas.

Gênero a ser trabalhado: notícias (através do texto "Agência chama criança de Pateta para vender viagem" – transcrito a seguir).

→

Orientações e objetivos: as atividades desta seção são focadas nas habilidades dos alunos em fazer uma leitura crítica de notícias, através dos seguintes procedimentos: estabelecimento de relações entre texto e contexto; posicionamento sobre escolhas feitas pelos redatores; e simulação por parte dos alunos do papel de redator.

Sequência de atividades:

- Reconstituição dos propósitos (objetivos) comunicativos explícitos e implícitos desta notícia do ponto de vista do jornal. (Os alunos deverão responder a um questionamento do tipo: Quais foram os propósitos do jornal ao publicar esta notícia?)
- Recuperação de informações usadas no texto e que servem de garantia de que se trata de um texto que relata fatos da vida real, no caso, uma notícia. (Os alunos buscarão localizar no texto as informações que foram usadas para conferir credibilidade e valor de verdade à notícia.)
- Discussão em grupo do seguinte questionamento: Você acha que esta notícia é tendenciosa para algum dos lados envolvidos na questão (família, promotoria, agência de viagens e escola)? Ou se trata de uma notícia com alto grau de isenção, dando voz de modo mais ou menos igual a todos os envolvidos?
- Análise da manchete *Agência chama criança de Pateta para vender viagem*. Será que ela expressa algum ponto de vista do jornal sobre o fato ou se trata de uma manchete bem isenta?
- Análise da função das várias citações que aparecem por toda a notícia. (Os alunos precisarão compreender e explicar qual a função das várias citações que aparecem no texto.)
- Análise da seguinte questão: Por que o nome *Renata* aparece sem sobrenome enquanto os nomes do promotor (*João Lopes Guimarães Júnior*) e da coordenadora de educação da

ONG (*Laís Fontenelle Pereira*) aparecem com todos os sobrenomes?
- Análise das fotografias: Por que as fotos das crianças aparecem com uma mancha sobre o rosto delas?
- Posicionamento crítico: Você tende a concordar mais com os argumentos da mãe e do promotor – a propaganda é abusiva – ou com os argumentos da agência de turismo e da escola – trata-se apenas de uma brincadeira? (Essa discussão poderia ser feita através de um debate.)
- Simulação de situação: imagine que a repórter da *Folha de S.Paulo*, Talita Bedinelli, quando entrevistava alunos para escrever a notícia, fez a você a seguinte pergunta: Você é contra ou a favor da estratégia da agência de tirar uma foto da criança ao lado do Pateta para convencer os pais a comprarem o pacote de viagem? Que resposta você daria a ela para ser usada na notícia?

Agência chama criança de Pateta para vender viagem

"Se eu não for à Disney vou ser um Pateta", diz a placa levada a escolas para fotos com alunos

Agência defende ação de *marketing*, que já foi realizada em mais de dez escolas; ONG e promotor condenam a campanha

TALITA BEDINELLI, DA REPORTAGEM LOCAL

Alunos do Liceu Di Thiene, com propaganda de viagem à Disney.

Renata, 11, combinava com uma amiga viajar em julho para a Disney. Questionada pela mãe, que não sabia de excursão nenhuma, a menina pegou uma pasta com preços do pacote turístico e uma foto em que, ao lado da colega e de um boneco do personagem Mickey Mouse, segurava a placa com os dizeres: "Se eu não for para a Disney vou ser um Pateta."

A pasta foi entregue na escola onde a menina estuda, o Liceu Di Thiene, em São Caetano (Grande São Paulo), no começo do mês passado. Era uma promoção da agência de viagens "Trip&Fun", que organiza viagens de crianças e adolescentes também para Cancún, Bariloche e Costa do Sauípe.

Com a publicidade que já levou o personagem da Disney para dentro de mais de dez escolas e tira fotos com as crianças segurando plaquinhas como a do Pateta, a agência levará em julho cerca de mil crianças para o parque em Orlando. Os pacotes custam a partir de R$ 5.216, para 13 dias em quarto quádruplo (o mais barato). "Quer dizer que você é uma pateta porque você não vai?", perguntou à filha Renata a pedagoga Roberta, 40.

A menina diz que ficou triste. "Queria muito ir. Quase todo mundo da sala vai", conta. Para a mãe, que fala em processar a agência, o sentimento predominante foi a vergonha em relação aos colegas. "Ela ficou claramente constrangida."

A agência e a escola afirmam que não pretendiam constranger ninguém e que a placa do Pateta era apenas uma brincadeira (leia mais na pág. C3).

O promotor da área do consumidor João Lopes Guimarães Júnior diz que o caso ilustra bem os abusos na publicidade infantil. "De uma turma de 100 crianças, 80 vão viajar. As que não vão, porque os pais não querem ou não têm dinheiro, serão chamadas de Pateta. Já temos problemas sérios de *bullying* nas escolas. Essa empresa está criando uma situação propícia para isso. Como se pode falar em preservação da imagem da criança com esse tipo de publicidade?", diz.

Publicidade infantil

Para o promotor, a ação da agência de turismo fere os artigos 15 e 17 do ECA (Estatuto da Criança e do Adolescente), que prezam pelo "respeito à dignidade e a inviolabilidade da integridade física, psíquica e moral da criança e do adolescente".

O Instituto Alana, ONG que trabalha para regulamentar a publicidade infantil, critica as ações em escolas. "Muitas vezes, acontece e o pai nem sabe. É absurdo isso ser feito dentro das escolas", diz Laís Fontenelle Pereira, coordenadora de educação da ONG.

O Conar (Conselho de Autorregulamentação Publicitária) já baniu propagandas por considerá-las desrespeitosas, como uma do ovo de Páscoa Trakinas, de abril de 2008, que dizia: "Quem não dá ovo é um mané."

OUTRO LADO

Para agência e escola, placa é só brincadeira

DA REPORTAGEM LOCAL

A agência Trip&Fun afirmou que a placa que as crianças do Liceu Di Thiene e outras dez escolas seguravam na foto e que faziam referência ao Pateta era apenas uma brincadeira. A empresa disse também que recebeu uma reclamação de uma mãe de aluno do colégio e imediatamente excluiu a placa com esses dizeres da promoção nas escolas.

Henrico Esichiel, diretor de *marketing* da agência, afirmou ontem que a campanha nas escolas oferece aos estudantes "outras opções de placas". Entre elas, as que dizem: "Mãe, quero conhecer o Mickey de verdade" e "Meu presente de Natal já escolhi, ir para a Disney com a Trip&Fun". "Os alunos escolhem a que eles querem segurar. [A do Pateta] é a mais popular, a que eles acham mais legal", diz.

A empresa diz que a promoção já aconteceu em pelo menos dez escolas e, na metade delas, a placa foi usada. A aluna Renata confirma que escolheu a placa. "Era a mais legal. O Pateta é o de que eu mais gosto, é o mais engraçado."

Escola
O Liceu Di Thiene diz que uma coordenadora da escola acompanhava as crianças na hora das fotos, mas que ela não viu nada de errado na frase. "Ela não viu a mensagem da forma [pejorativa] que está sendo colocada", diz um dos diretores da instituição, Eleandro Monteiro. "Eu não entendo que o Pateta é um pateta. Pateta é o nome de um personagem. Vocês estão criando um negócio que é absurdo", complementa.

Ele disse, no entanto, que, ao receber uma reclamação de uma mãe, entrou em contato com a agência e pediu para que a placa deixasse de ser usada. "[A placa] não tinha a intenção de constranger ninguém. Só uma mãe me questionou, nenhuma criança levou isso tão a sério", diz o diretor. A mãe de Renata disse que não foi ela quem levou o caso do Pateta à direção do colégio.

O colégio cobra mensalidades em média de R$ 500 no ensino fundamental e tem cerca de 400 alunos. "Nenhuma criança chamou a outra [de Pateta]. O perigo de tudo isso é essa mãe [que fez a denúncia à *Folha*] expor a criança dessa forma." (TALITA BEDINELLI)

Colaboraram FERNANDO ITOKAZU, da Reportagem Local, GUILHERME GENESTRETI e LUIZ GUSTAVO CRISTINO

Disponível em: <http://www1.folha.uol.com.br/fsp/cotidian/ff2004201001.htm>. Acesso em: 30 abr. 2010.

7.3 Simulando o contexto de uma redação de jornal

Montagem da primeira página de um jornal a partir de notícias soltas

Trabalhando com a estratégia da simulação de situações e contextos sociais, podemos imaginar os alunos como editores de um jornal. Vejamos os seguintes exemplos de manchetes/chamadas de capa de um determinado jornal de circulação nacional que se direciona principalmente às classes A e B:

- PERITOS DO INSTITUTO DE CRIMINALÍSTICA SÃO SUSPEITOS DE VENDER LAUDOS
- IGREJA ENVIOU AO PAÍS ACUSADO DE ABUSO SEXUAL
- ÀS ESCURAS, NORTE-COREANO CELEBRA LÍDER MORTO EM 94
- BRASIL E CHINA ASSINAM 'PAC CHINÊS' EM BRASÍLIA
- FUMAÇA DE VULCÃO PARA VOOS NA EUROPA
- SÓ PRISÃO DE BAIXO RISCO RECEBERÁ URNAS NO ESTADO

Dadas essas chamadas de capa de um jornal, o professor pode solicitar aos alunos que escolham qual delas deveria ser, na opinião deles, a chamada principal da edição desse jornal de circulação nacional. A manchete escolhida irá ocupar maior espaço na página e virá no local de maior visibilidade e com letras maiores. É importante que eles justifiquem a sua escolha levando em conta os seguintes critérios: relevância do tema para o perfil dos leitores, e caráter de novidade e extraordinariedade do fato. Depois que os grupos de alunos tiverem montado a sua primeira página, pode-se fazer uma análise comparativa entre as propostas e, por fim, pode-se fazer um confronto com a página real de um jornal de circulação nacional. Importante aqui será passar a ideia de que a forma como o jornal fez a montagem da capa não é a única forma correta e que as propostas discordantes dos alunos podem ser consideradas como pertinentes. Mais importante do que ficar comparando os resultados são os argumentos e as explicações apresentadas pelos alunos. Trata-se de uma atividade que pode favorecer a compreensão de que as notícias não expressam verdades puras e objetivas, mas que são construídas para atender a certos objetivos.

Agora temos um segundo grupo de manchetes, as quais pertencem a jornal voltado para as classes C e D da sociedade. Trata-se de um jornal com circulação local numa grande metrópole brasileira:

- GOVERNO ADIA VOTAÇÃO DO REAJUSTE PARA APOSENTADOS
- PROIBIÇÃO DE MOTOS NA MARGINAL TIETÊ FICA PARA OUTUBRO
- HOSPITAL DEIXA OS PACIENTES EM MACAS PELOS CORREDORES
- VÍDEOS DA UNIVERSAL ORIENTAM PASTORES A PROCURAR BANDIDOS
- PROFESSORA É MORTA COM UM TIRO NA NUCA EM ASSALTO NO ABC

É relevante perceber, através da leitura das manchetes, como os jornais para classes sociais diferentes constroem os temas de modo diferente. Chama bem a atenção a não existência de temas de âmbito internacional no jornal para as classes C e D e sua evidente presença nos jornais para as classes A e B. Além disso, os jornais para as classes C e D apresentam uma abordagem mais policial e sensacionalista. É claro que isso pode ser reflexo de interesses das próprias classes sociais, mas também nos parece que o jornal vai reforçando esta segmentação e contribuindo para acentuar determinadas tendências.

Criação de manchetes para notícias

As manchetes desempenham um papel extremamente importante nos processos de elaboração e de leitura de notícias. O redator precisa criar uma manchete de forma que ela indique a temática geral e faça um resumo do acontecimento mais relevante a ser relatado de modo a seduzir o leitor para sua leitura. Por sua vez, o leitor ampara-se cognitivamente na leitura da manchete – além de fotos, quando estas aparecem – para decidir se tem interesse ou não em ler o restante da notícia.

Pelas razões apontadas anteriormente, produzir manchetes pode ajudar no desenvolvimento das capacidades de selecionar e resumir informações, tendo como finalidade despertar o interesse de eventuais leitores por um dado texto. Sendo a manchete um dos subtipos de títulos, torna-se relevante discutir com os alunos o fato de que os títulos dependem muito do gênero em foco: títulos de notícias (manchetes) são muito diferentes de títulos de poesias e de trabalhos acadêmicos. Enquanto os primeiros são formulados habitualmente do mesmo modo que uma oração inteira, os segundos geralmente correspondem a um sintagma nominal.

Seguem algumas atividades interessantes de serem desenvolvidas com manchetes:

- *Criação das manchetes das notícias de capa de um único jornal.* Para fazer isso, os alunos precisarão ler as notícias sem as manchetes, depois formulá-las e, por fim, comparar o que fizeram com o que foi, de fato, feito pelo jornal e também pelos outros grupos de colegas de sala. O professor pode conduzir uma boa discussão acerca das diferentes formas de construção que apareceram de modo a favorecer a percepção de que as formas alternativas podem se constituir não necessariamente em erros, mas na provocação de sentidos diferentes.
- *Reformulação de manchetes de jornais de modo a alterar o foco central selecionado ou a torná-las mais isentas e menos tendenciosas.* Para fazer isso, precisarão fazer comparações entre os conteúdos da notícia e o fato que foi escolhido para ser privilegiado na manchete. Esta atividade também ajudará a desenvolver a consciência de gêneros por parte dos alunos e os ajudará a fazer leituras menos "inocentes" dos jornais.
- *Escolha da manchete que lhes parece mais adequada a partir de várias opções.* Neste formato da atividade é interessante que as opções de manchetes oferecidas pelo professor contemplem informações reais e mencionadas no texto, mas a relevância, a novidade ou a extraordinariedade farão com que apenas uma delas possa ser a manchete adequada a esta situação. É importante que os alunos explicitem as justificativas para suas escolhas.

Vamos a um exemplo específico.

Com base na notícia a seguir os alunos deverão escolher qual das seguintes manchetes foi usada pelo jornal *Agora* no dia de sua publicação.

Quem dirige melhor, o homem ou a mulher? Nos últimos anos, a crescente divulgação do fato de que as companhias de seguro oferecem descontos para o público feminino contribuiu para popularizar a noção de que elas são motoristas mais capacitadas. Dependendo de como se define "dirigir bem", são mesmo, mas a questão é mais complicada do que pode parecer. De acordo com uma grande seguradora no Brasil, em 2009, para cada cem sinistros com eles, foram registrados 100,4 com elas.

Em números absolutos, os homens se envolvem em muito mais acidentes. Só que há muito mais motoristas do sexo masculino que do feminino – a média é de quatro homens para uma mulher. Ajustando-se a proporção de acidentes por gênero, o bolo fica bem dividido. Só que o número de condutores não é o único reparo necessário. Em geral, as mulheres também dirigem menos tempo que os homens. Segundo a última pesquisa OD (Origem-Destino) do Metrô, de 2007, a população masculina da Grande SP faz 68% mais viagens. (Jornal *Agora*, 18/4/2010.)

Disponível em: <http://www.agora.uol.com.br/saopaulo/ult10103u722429.shtml>. Acesso em: 30 abr. 2010.

- Mulher dirige melhor do que homem.
- Mulher bate carro tanto quanto homem.
- Mulher bate muito mais carro do que homem.
- Mulher dirige menos do que homem.
- Quem dirige melhor, o homem ou a mulher?
- Companhias de seguro oferecem descontos para mulheres motoristas.

Esta atividade apresenta um grande potencial para trabalhar as habilidades de seleção da informação mais relevante e central para uma notícia. Vejamos bem que todas as informações contidas nas propostas de manchete acima são apresentadas no texto, mas nem todas podem ser usadas como manchete pelo fato de a manchete retratar o fato mais relevante, mais recente, mais extraordinário. Além do mais, a notícia acima não segue a estrutura mais típica – que é indicar o fato mais relevante logo no *lead* inicial – o que exige um trabalho inferencial mais elaborado e uma discussão mais cuidadosa acerca das informações contidas no texto.

Uma outra atividade interessante pode ser analisar um *corpus* de manchetes de notícias de natureza parecida (mesma temática, ou mesmo público-alvo, ou mesmo jornal) para descobrir o que é recorrente nos modos de formulá-las. Podem, dentre outros, ser observados os seguintes aspectos: tempo verbal (passado, presente ou futuro), pessoa do discurso (primeira, segunda ou terceira), ordem sintática (ordem direta sujeito + predicado ou outra ordem), voz ativa ou passiva. Nesta atividade deve-se ter o maior cuidado para não se passar uma visão prescritiva ou normativa em relação às manchetes, já que, embora haja preferência por certas formulações em cada jornal, continua havendo muitas variações. Por isso, tanto é importante perceber tendências como tentar explicar usos diferentes e surpreendentes. Pelo que observamos, uma das tendências gerais é que haja verbos no tempo presente do indicativo, mas há casos mais esporádicos de verbos no passado e no futuro. Isso nos diz que não deveríamos querer mudar os fatos para eles se adequarem a "regras" e teorias, mas, ao contrário, buscar explicações para usos novos e diferentes e, assim, contribuir para aperfeiçoar a compreensão das regras e teorias. Desejável nesta atividade é tentar encontrar respostas para questões do tipo: Quando as manchetes são expressas no tempo presente, que significados elas produzem? E quando são formuladas no tempo passado? Não podemos esquecer a tese da fusão entre forma e função e entre forma e sentido, discutida nos capítulos anteriores.

7.4 Trabalhando a produção de notícias

As atividades de produção de notícias em sala de aula precisam ser desenvolvidas tomando por parâmetro: os modos como elas são produzidas e postas em circulação na vida social, os seus propósitos comunicativos, os eventos deflagradores, o tipo de interação que promovem e os seus processos recorrentes de composição. Também é interessante levar em conta que cada gênero favorece mais direta e intensamente o aprendizado de certas capacidades discursivas, interativas, textuais e cognitivas. As notícias, entre outras, favorecem a aprendizagem das capacidades de: identificação de agentes sociais envolvidos nos fatos noticiados, seleção de pontos de vista diversos em torno de um mesmo acontecimento, distribuição equitativa e equilibrada de pontos de vista diferentes, de modo a se aproximar de um relato o mais isento possível. Ou seja, a escrita de notícias pode favorecer o desenvolvimento de uma atitude de comprometimento ético com uma articulação equitativa das vozes sociais.

Antes de explicitar as atividades, queremos chamar a atenção para a grande importância de ser deixada a cargo dos alunos uma série de decisões a serem tomadas. De fato, se as decisões sobre tema, evento deflagrador e perfil de leitor são tomadas *a priori* pelo professor, isso impede que os alunos desenvolvam várias capacidades linguísticas, textuais e genéricas fundamentais para a realização da tarefa.

Produção e publicação de notícias

A sequência de atividades é a seguinte:

- seleção de um fato ocorrido recentemente na escola, no bairro ou na cidade e que possa ser considerado relevante para um determinado perfil de grupo de leitores;

- definição do público-alvo a quem a notícia será destinada e que possa considerar relevante o fato escolhido para ser noticiado (classe social, idade, grau de letramento);
- seleção de atores sociais envolvidos no fato e que precisarão ser entrevistados para oferecer relato sobre os fatos e comentários sobre eles;
- elaboração de perguntas a serem usadas na entrevista de modo a trazer esclarecimentos relevantes para os leitores;
- realização da entrevista com os atores sociais (através de gravação ou anotação);
- seleção dos trechos de entrevista de cada entrevistado a serem usados na redação da notícia;
- redação da notícia;
- autoavaliação do grau de isenção da notícia com base nos seguintes critérios:
  - Todos os lados envolvidos na questão foram ouvidos?
  - O espaço concedido a cada lado foi mais ou menos equivalente?
  - A ordem das citações valoriza mais um lado do que outro?
  - As citações são fiéis ao que as pessoas disseram ou contêm modificações de sentido?;
- reescritura da notícia;
- publicação e divulgação da notícia.

Criar notícia para seção "Eu sou o repórter"

Hoje em dia, muitos veículos de comunicação estimulam os leitores a participarem do processo de produção de informação, concedendo-lhes um espaço de publicação. É claro que isso ocorre porque temos hoje um contexto de comunicação pública intensamente competitivo e também porque, via rede de relacionamento social, *blogs* e *sites* pessoais, as pessoas tornam-se "jornalistas" no sentido de que podem produzir e divulgar publicamente informações e opiniões. Tendo consciência destas possibilidades, os veículos de comunicação visam seduzir os leitores concedendo-lhes um espaço para eles vivenciarem o papel de jornalistas, em seções do tipo "eu sou o repórter", "repórter por um dia", "leitor-repórter", dentre outras. Comumente os jornais convidam os leitores a enviarem textos, fotos, áudios e vídeos sobre fatos recentes ocorridos no bairro, cidade ou região, de modo a "mostrar a cara da comunidade".

Já que há um espaço aberto para essa participação, uma boa opção seria, nas escolas, estimular e orientar os alunos para "encarnarem" a função de jornalistas e produzirem "conteúdo". Num primeiro momento, faz-se necessário conhecer as condições de participação estipuladas pelos veículos. Em seguida, pode ser vantajoso ler e analisar criticamente o que outros leitores têm produzido e publicado.

Mas atividades deste tipo podem ser mais interessantes, do ponto de vista político e social, se a colaboração dos alunos trouxer ganhos e diferenças em relação ao que é normalmente publicado.

Para fazer isso, seria necessário inicialmente descobrir assuntos e problemas que recebem pouca atenção da mídia e escrever sobre eles. Contudo, em todo caso será fundamental os alunos definirem, antes de mais nada, que objetivo comunicativo pretendem levar a cabo com sua participação: Fazer denúncias? Fazer críticas? Promover pessoas, entidades ou ações? Apenas relatar fatos desconhecidos? Ter em mente um claro objetivo comunicativo é a condição para as tomadas de decisão sobre assunto, estilo e formato da notícia.

Buscamos deixar claro como a leitura atenciosa e perspicaz de notícias pode levar os alunos a desenvolverem uma capacidade de observação crítica da sociedade, especialmente da mídia impressa. Mas isso somente é possível com o desenvolvimento de uma consciência crítica dos modos de funcionamento de um gênero na vida social, o que tentamos fazer ao longo do capítulo. Já enfatizamos por demais o fato de que os gêneros são estreitamente associados uns aos outros e isso ocorre tipicamente com as notícias e cartas de leitor, razão pela qual os dois próximos capítulos objetivam delinear propostas de trabalho com a carta de leitor em sala de aula.

Neste capítulo apresentamos em detalhes uma proposta de trabalho com a notícia em sala de aula, destacando atividades vinculadas à compreensão geral do gênero, à leitura e à produção de textos. Todas as propostas foram guiadas pelo modo como este gênero efetivamente é produzido e posto em funcionamento na imprensa brasileira, de forma a ajudar os alunos a desenvolverem suas capacidades de uso deste gênero em situações reais da vida em sociedade. Fizemos isso com base na teoria discutida, apresentando sugestões práticas de como trabalhar com o postulado teórico geral de que os gêneros existem para satisfazer necessidades diversas dos grupos sociais. Por exemplo, a noção de evento deflagrador como o acontecimento social que estimula ou solicita a emergência de um texto serviu de guia para as atividades de produção das notícias. A noção de gênero como uma classe histórica e dinâmica de textos materializou-se nas atividades com as manchetes dos jornais. Já as atividades de simulação do contexto de uma redação jornalística foram inspiradas na visão teórica de gêneros como ações sociais situadas em contextos particulares da vida humana. Enfim, os principais conceitos teóricos foram, de fato, usados direta ou indiretamente como uma bússola para a proposição das atividades.

CAPÍTULO 8
CARTA DE LEITOR NA MÍDIA E NA SALA DE AULA

8.1 Compreensão geral do gênero carta de leitor

Como já dissemos anteriormente, os jornais são veículos de comunicação para o exercício de várias atividades, sendo as duas mais importantes a divulgação da informação e a expressão de opinião. Para a construção da opinião, três atores sociais são muito importantes: os jornalistas, os colaboradores e os leitores, sendo que a cada um deles determinados gêneros são mais direta ou exclusivamente associados. Jornalistas incumbem-se de notícias, reportagens, editorias e colunas; colaboradores encarregam-se de artigos de opinião. E o gênero por excelência de responsabilidade dos leitores é a **carta de leitor**, a qual, depois do advento da *internet*, foi potencializada em muitas sociedades pelo simples fato de que ficou muito mais cômodo enviar uma carta para os jornais pelo correio eletrônico, sem precisar se deslocar até uma agência dos correios.

Por isso, hoje em dia chegam muito mais *e-mails* às redações dos jornais do que chegavam cartas há 20 anos. Por estranho que possa parecer, até algum tempo atrás, muita gente considerava a carta de leitor um passatempo para pessoas aposentadas, o que mudou consideravelmente nos dias atuais: a carta de leitor passou a ser mais valorizada por muitos jornais e revistas. Se antigamente alguns editores eram obrigados a inventar cartas de leitor para preencher todo o espaço a elas destinado, hoje ocorre o contrário: chegam mais cartas (na verdade *e-mails*) do que é possível publicar diariamente.

Também é interessante destacar que, com a mídia eletrônica, o leitor é convidado a participar mais intensamente do processo de comunicação, podendo exercer o papel de comentarista, gerador de pautas e mesmo de redator de matérias. Veja a seguir como o caderno *Folhateen* convida os leitores a escreverem cartas para o jornal, incitando-os a "criticar", "elogiar" ou apenas "matar o tempo".

> Escreva! Criticando, elogiando ou só para matar o tempo: folhateen@uol.com.br ou al. Barão de Limeira, 425, 4º andar, São Paulo, SP, CEP 01202-900. Mande nome, idade e cidade.
>
> Faça parte do nosso grupo de apoio! São reuniões quinzenais com a equipe em São Paulo para discutir o caderno e sugerir reportagens. Para participar, escreva o que acha do *Folhateen.*

Vê-se ainda que o suplemento abre espaço para os leitores participarem de reuniões quinzenais para influenciarem na definição das pautas de matérias do caderno. Como a tradicional função de editor passou a ser, numa certa escala, compartilhada com os leitores, nos inspiramos aqui neste compartilhamento para propor logo adiante um conjunto de atividades de ensino--aprendizagem com gêneros jornalísticos. Como dissemos nos capítulos anteriores, a atividade com os gêneros precisa ser guiada ou inspirada nos modos concretos de utilização dos gêneros pelos grupos sociais.

De fato, a carta de leitor tem se transformado num espaço de expressão pública de opinião e de pressão dos leitores em relação às mídias (ADGHIRNI E BAESSE, 2009). Trata-se de um gênero que serve para a discussão de questões relevantes da sociedade, mas também se presta como uma ferramenta de comunicação para as pessoas exigirem seus direitos. Apesar dessa importância dada hoje às cartas de leitor, Adghirni e Baesse (2009) perceberam uma contradição: enquanto a manifestação de opinião do leitor tem crescido significativamente nos dias atuais, este crescimento não se traduz no aumento das páginas de jornais destinadas a este gênero. Basta nos darmos conta de que, da média de 60 páginas contidas na maioria dos grandes jornais brasileiros, apenas meia página é destinada aos leitores, havendo mesmo jornais que não possuem a seção carta de leitor, por incrível que isso possa parecer.

8.2 O processo de composição das cartas de leitor

Cada gênero pode ser caracterizado por apresentar um modo mais ou menos particular de composição (ou criação) dos seus textos. Aqui composição não significa forma do texto como usado por Bakhtin, mas no sentido usado por Pare e Smart (1994), os quais explicam como cada gênero pode ser caracterizado em termos de regularidades nos papéis sociais dos usuários dos gêneros, regularidades nas práticas de leituras e regularidades nos processos de composição. Sendo assim, o processo de composição de um gênero implica o reconhecimento de quem participa, de modo direto ou indireto, da construção dos textos e de quais atividades realiza. No caso das cartas de leitor podemos caracterizar o processo – tal como ocorre em muitos jornais brasileiros – como segue:

- o leitor lê matéria, reportagem, carta de leitor ou outro texto qualquer publicado em jornal ou revista; ou presencia um acontecimento na vida cotidiana ou pública – este é o evento deflagrador;
- o leitor escreve uma carta (geralmente no formato de *e-mail*);
- o leitor envia a carta para jornal ou revista (pelos correios ou pela *internet*). Esse envio precisa ser feito no "calor da hora",

ou seja, logo após a leitura de uma notícia ou logo após a ocorrência de um fato. Assim como as notícias, as cartas precisam falar sobre fatos muito recentes;

- o editor do jornal lê as cartas imediatamente após sua chegada – o editor não pode deixar para ler no dia seguinte porque elas poderão perder o frescor e o "calor da hora";
- o editor, seguindo critérios preestabelecidos pelo jornal ou revista, seleciona quais cartas serão publicadas (caso cheguem muitas cartas com conteúdo semelhante, o editor geralmente seleciona aquela que melhor resume a ideia de vários leitores; às vezes publica mais de uma carta sobre um mesmo tema quando este é polêmico ou de grande interesse dos leitores; ou seleciona aquelas que mais se coadunam com a linha editorial do veículo);
- cartas não selecionadas são simplesmente descartadas, sem que haja justificativa para os leitores da sua não publicação;
- as cartas que serão publicadas são arquivadas por um período de três meses – tempo exigido por lei brasileira – e que pode servir para o jornal se proteger de problemas e reclamações dos leitores;
- o editor faz a edição da carta – resume, parafraseia, retira informações, acrescenta informações sobre o evento deflagrador – para que ela se adeque ao tamanho, ao formato, ao estilo e à linha editorial do jornal;
- o editor pode ainda, dependendo do tipo de jornal ou revista, produzir uma resposta para o leitor, com ele concordando ou discordando, a qual é publicada logo abaixo da carta de leitor; há casos em que o editor se desculpa ou produz uma justificativa em função de reclamação ou reivindicação;
- o editor cria um título para cada carta ou grupo de cartas e as publica, geralmente na edição do dia seguinte (jornal) ou semana seguinte (revista semanal);
- leitores cujas cartas não foram publicadas por vezes escrevem uma nova carta reclamando da não publicação ou exigindo

que ela seja publicada em próximas edições;
- leitores leem as cartas publicadas e podem escrever uma nova carta como resposta àquelas que leram – é quando se instaura um diálogo entre leitores, apenas mediado pelo editor.

Compreender este processo de composição das cartas de leitor é fundamental no momento de propor atividades de ensino--aprendizagem porque se trata de uma condição para os alunos compreenderem as ações sociais que eles podem, de fato, realizar através do gênero e o modo como podem fazê-lo. Apoiando-se no processo real de composição é possível criar condições para o aluno aprender não somente sobre os textos em si, mas sobre as instituições e os indivíduos que os produzem, incluindo-se aí seus valores, crenças, padrões de interação e ideologias. Dizemos isso porque defendemos que o objetivo do ensino de linguagem não se reduz a ensinar unicamente a compor textos, mas a aprender a participar da vida em sociedade com mais qualidade, engajamento e responsabilidade política.

8.3 Os propósitos comunicativos da carta de leitor

Quando vamos descrever os propósitos comunicativos recorrentes de um dado gênero, precisamos ter em mente que os propósitos variam de acordo com o ponto de vista adotado. No caso das cartas de leitor, temos propósitos diferentes para os leitores e para os veículos de comunicação. Diríamos então que os principais propósitos são os seguintes:

Do ponto de vista dos leitores
- **Recorrer às empresas jornalísticas para estas lhes servirem de porta-voz diante do Poder Público.** Não conseguindo resolver um problema pessoal ou coletivo e já tendo acionado várias instâncias públicas, o leitor "passa uma procuração" para que

o jornal busque resolver o seu problema (BAESSE, 2004). É o que pode ser visto no trecho sublinhado na carta seguinte, em que o leitor solicita a manutenção de estradas:

Fala, cidadão!

Buraqueira na BR-222

No último domingo, o governador Cid Gomes percorreu 102 km da BR-222 em protesto contra o péssimo estado das estradas federais no Ceará em mais um capítulo de sua polêmica com o Ministério dos Transportes.

Maravilha, a postura do gestor estadual foi muito boa. Aproveito para lembrar que as estradas estaduais também estão merecendo manutenção, como é o caso da rodovia que liga o Ceará ao Rio Grande do Norte e o trecho que vai de Russas a Baraúnas que também está bem apropriado para um rali.

Jornal *O Povo*, Fortaleza, 17 maio 2011, p. 6.

Disponível em: <http://digital.opovo.com.br/>. Acesso em: 15 abr. 2011.

- **Participar mais ativamente do mundo em que vivem através da expressão de opinião e da discussão de assuntos da atualidade.** Aqui o leitor não anseia pela resolução pontual de um problema específico, mas manifestar seu posicionamento e reflexão diante dos fatos do mundo, como pode ser visto no seguinte exemplo:

Não sabe de nada. "Estou chocado com a Folha! Vocês deveriam informar o crítico de vocês que ele não sabe de nada e, já que não sabe, deveria se antenar. PÉSSIMO. NOTA ZERO PARA VOCÊS!"

ANGELO NUNES, por *e-mail*

Disponível em: <http://www1.folha.uol.com.br/fsp/folhatee/fm2602200702.htm>. Acesso em: 15 abr. 2011.

- **Fiscalizar e criticar os próprios jornais, contribuindo para que outros leitores possam refletir sobre o papel da imprensa.** Isso ocorre na carta a seguir, a qual, escrita coletivamente, faz uso de um argumento bem forte – defender algo, mas não pô-lo em prática – provocando uma crítica tão consistente que o editor assume reavaliar o uso de plásticos para embalar a revista.

> **POR QUÊ?**
>
> Nós, alunos do terceiro ano da E. M. Prof. Amilton Suga Gallego, viemos por meio desta fazer uma pergunta à revista *Ciência Hoje das Crianças*. A CHC é ótima, traz bastante temas interessantes, ensina a proteger a natureza e os animais, então... Por que a revista desperdiça plástico – que leva um tempão para se decompor – embalando revista por revista, se a maioria das pessoas joga os saquinhos no lixo?
>
> Bianca de Souza Mamed e mais 81 assinaturas

> *Que bom saber que você e seus amigos, Bianca, usaram os conhecimentos que têm a respeito do meio ambiente para fazer uma crítica construtiva e assim tentar evitar qualquer desperdício que possa prejudicar a natureza. A CHC agradece pelo alerta e informa que o uso de plástico para embalar cada edição da revista está sendo reavaliado.*
>
> CHC, n. 174, p. 29, nov. de 2006.

Do ponto de vista dos jornais e revistas

- **Manter um relacionamento constante e fiel com os leitores, contribuindo para fazer uma propaganda indireta dos jornais.** Ou seja, através da seção carta de leitor, um jornal pode fazer uso do depoimento dos leitores para falar positivamente da cobertura dada pelo jornal aos fatos noticiados. Além disso, os jornais e revistas podem fazer uso das cartas de leitor para passar uma certa imagem para os leitores (de abertos, democráticos, críticos, destemidos, independentes etc.). É o que se pode ver no exemplo abaixo:

> Já se tornou hábito de ÉPOCA informar sobre problemas de saúde, colaborando com quem sofre do mal em questão, como eu. Tenho colesterol alto, mas não consigo abaixá-lo facilmente. Fico sabendo de "boas notícias" através desta revista. Agradeço pelas informações, que com certeza vão ajudar.
>
> VALCIR SANTINI, Santo Ângelo, RS
>
> Disponível em: <http://revistaepoca.globo.com/Epoca/0,6993,EPT787092-2119,00. html>. Acesso em: 29 nov. 2006.

- **Estabelecer interação entre leitores e clubes de leitores.** Isso ocorre quando os leitores polemizam ou manifestam apoio e concordância entre si.

Estes são os propósitos comunicativos mais recorrentes, mas outros podem existir ou surgir. Consideramos importante que os alunos reconheçam os propósitos mais recorrentes e compreendam como eles são formulados nos textos escritos. Por isso, o processo de leitura de cartas de leitores precisa contemplar a percepção de qual propósito comunicativo foi realizado através de cada carta e os propósitos compartilhados por conjuntos de cartas de um mesmo veículo de comunicação ou vários deles. Contudo, também julgamos importante que se abra uma janela para os alunos pensarem em novos usos para este gênero já que, ao fazerem isso, os alunos se colocarão efetivamente como sujeitos históricos ativos na construção e reconstrução dos gêneros e, indiretamente, da própria sociedade.

8.4 Eventos deflagradores das cartas de leitor

Os eventos deflagradores – aquilo que motiva alguém a usar um gênero – mais comuns de cartas de leitor têm sido:

- leitura de uma notícia ou reportagem numa edição muito recente do jornal ou revista – o que impulsiona o leitor a escrever uma carta criticando, elogiando ou sugerindo correções na matéria;
- leitura de outras cartas de leitor – o que motiva o leitor a se posicionar diante do ponto de vista de outros leitores, com eles concordando ou discordando;
- um fato ocorrido recentemente na rua, bairro ou cidade em que mora o leitor ou persistência de um problema por falta de ação das esferas de Poder Público – o que leva o leitor a escrever criticando os governos e solicitando a intermediação do jornal ou revista para ajudar a resolver ou minimizar tal problema;
- leitura do jornal como um todo ou de um caderno do jornal como um todo – o que leva o leitor a escrever solicitando alguma reportagem ou notícia sobre um tema não contemplado pelo jornal;
- leitura de editorial de um jornal ou revista – o que motiva o leitor a apreciar o ponto de vista da empresa jornalística, manifestando discordância ou concordância;
- leitura de artigo de colaborador do jornal ou revista – o que motiva o leitor a apreciar o ponto de vista do colaborador, manifestando discordância ou concordância;
- leitura de vários outros gêneros publicados no jornal ou revista (charge, tira, propaganda etc.).

Sugerimos aqui que as atividades didáticas propostas em sala de aula levem altamente em conta os eventos deflagradores mais recorrentes no processo de composição das cartas de leitor porque isso favorece a compreensão, por parte dos alunos, das motivações reais do gênero e os ajuda a definir com clareza os propósitos comunicativos de sua própria produção. Mas nada impede que os alunos sejam encorajados a pensar em outros possíveis eventos deflagradores para a composição de cartas de leitor, ou seja, os alunos podem enxergar que outros fatos também podem servir como motivação para a escrita de uma carta.

8.5 Conjunto de gêneros relacionados ao gênero carta de leitor

Temos chamado a atenção neste livro para o fato de que cada gênero não é posto em funcionamento isoladamente, mas em estreita relação com outros gêneros, os quais, juntos, constituem o que se tem chamado de **conjunto ou sistema de gêneros**. No caso das cartas de leitor, este conjunto de gêneros relaciona-se, em geral, com NOTÍCIAS-REPORTAGENS-EDITORIAIS-ARTIGOS-CHARGES-COLUNAS DE OPINIÃO-CARTAS DE LEITOR.

Do ponto de vista didático, isso significa que ensinar a escrever cartas de leitor implica mostrar e explicar o jogo de relações existente entre a carta de leitor e o conjunto de gêneros a ela relacionados. Esse jogo funciona em geral assim: a leitura de textos de outros gêneros ou de outras cartas de leitores cria a necessidade de escrita de uma nova carta de leitor. Ou seja, não há como tratar separadamente leitura e escrita no processo de composição de cartas de leitor e, por isso, o aluno precisa ser encorajado e orientado a ler outros gêneros jornalísticos como uma forma de se estimular para participar da vida social através da expressão pública de sua opinião. Neste sentido, uma boa opção didática é criar atividades do tipo ler para escrever, fazendo uso de textos pertencentes ao conjunto de gêneros do qual as cartas de leitor fazem parte.

8.6 Estrutura composicional

A carta de leitor segue, em linhas gerais, a mesma estrutura das cartas em geral, contendo três partes: seção de contato, núcleo da carta e seção de despedida. Mas há algo muito particular nela: o fato de não ser publicada no jornal ou revista da mesma forma como foi escrita pelo leitor. É comum que desapareça a seção de contato e figure apenas o núcleo do texto, a assinatura e dados de identificação (cidade, *e-mail*, profissão). No lugar da seção de contato, é mais comum que haja o acréscimo de um título temático (o qual é criado não pelo leitor, mas pelo editor). Vemos, então, como a carta de leitor tem uma estrutura que é definida por dois sujeitos diferentes exercendo papéis diferentes: o leitor e o editor. Observemos o exemplo seguinte:

Depressão adolescente

Muito importante a matéria sobre depressão (19/2). A depressão, no meu entender, é uma doença essencialmente social, gerada pela pressão social ou não entrosamento e não aceitação de um ser humano na sociedade. É uma doença nova, pois há 20 anos não se falava nela. Há casos genéticos ou de predisposição, mas a maioria é devida à má constituição da sociedade, que exclui aqueles que não se adaptam. Não há casos relatados de depressão em tribos indígenas isoladas (sem contato com homens brancos).

CELIO G. MARQUES DE GODOY, 41, São Paulo, SP
Disponível em: <http://www1.folha.uol.com.br/fsp/folhatee/fm2602200702.htm>.

Nesta carta, temos o título "Depressão adolescente", que foi criado pelo editor após a leitura da carta. Veja como não existe seção de contato nem de despedida, embora elas possam ter sido escritas pelo leitor. Como este exemplo ilustra bem, as cartas de leitor são textos bem resumidos e devem abordar de maneira direta o assunto a ser tratado. Pode-se dizer que não apresentam introdução ou conclusão, indo direto ao assunto. Quando o leitor não consegue escrever com tal poder de síntese, cabe ao editor fazer os cortes para que a carta adquira uma estrutura informacional resumida, clara e objetiva. Também é muito comum que as cartas indiquem o título e a data de publicação da matéria à qual se reportam: o editor encarrega-se de fazer este acréscimo quando o leitor não o fez.

Na estrutura global da página destinada às cartas, os editores de muitas revistas comumente apresentam uma tabela contendo dados numéricos acerca das reportagens mais comentadas pelos leitores. Além de informar acerca da repercussão das matérias junto aos leitores, estas tabelas podem ser utilizadas para fazer propaganda ou promoção da revista.

CAPÍTULO 9
TRABALHANDO A CARTA DE LEITOR EM SALA DE AULA

Vamos sugerir agora parâmetros gerais para a metodologia do ensino-aprendizagem do gênero carta de leitor em sala de aula, de modo que os professores possam neles se fundamentar, mas também possam extrapolá-los, complementá-los e aperfeiçoá-los. São parâmetros gerais inspirados diretamente nos modos de funcionamento da carta de leitor tal como é praticada pela imprensa brasileira em relação a propósitos comunicativos, evento deflagrador, processo de composição e contexto situacional, visando orientar e estimular o aluno a se apropriar deste gênero para dele fazer uso efetivo quando sentir necessidade em sua vida social.

9.1 Parâmetros gerais

9.1.1. Respeito e adequação à situação de produção da carta de leitor

Como já temos dito aqui, as cartas de leitor surgem como respostas dos leitores de jornais e revistas a outras leituras ou a acontecimentos em sua vida em sociedade. Portanto, o ponto de partida para a produção de cartas de leitor precisa ser a leitura de jornais e revistas (notícias, reportagens, quadrinhos, editoriais, outras cartas de leitor) ou a observação de problemas da vida cotidiana. É importante que os alunos sejam encorajados a escolher por conta própria um texto ou acontecimento o qual servirá de evento deflagrador para seu texto. As atividades essenciais que satisfazem este processo são: os alunos leem um jornal ou revista, cada um escolhe um texto para tomar como evento deflagrador, todos discutem os temas presentes nos textos, leem outros textos que lhes forneçam informações e fundamentos para usarem como argumentos. Por fim escrevem as cartas e as enviam de fato para os jornais ou revistas, tendo clareza de que estas passarão por um processo de seleção, podendo ser ou não publicadas.

9.1.2 Uso dos propósitos comunicativos típicos do gênero

As cartas de leitor, como já vimos, têm apresentado recorrentemente os seguintes propósitos comunicativos: fiscalizar e participar, ao menos indiretamente, dos meios de comunicação; possibilitar o debate público de ideias; solicitar a intermediação da imprensa para a resolução de problemas cotidianos; expressar publicamente opiniões pessoais. É necessário criar condições para que os alunos compreendam bem estes propósitos comunicativos e deles se apropriem quando de sua atividade de escrita (o que não exclui a invenção de outros propósitos comunicativos para este gênero, desde que adequadamente justificados). Tendo clareza quanto aos propósitos comunicativos, as tarefas a serem desenvolvidas no processo de redação da carta de leitor precisam ser orientadas por estes propósitos. Por exemplo, as escolhas gramaticais e lexicais, o estilo e a estrutura da carta devem ser produzidos pelo aluno-leitor e avaliados pelo professor tendo tais propósitos como parâmetros, não podendo decorrer de regras de escrita abstratas, homogêneas e generalizantes.

Uma sugestão de atividade envolvendo o propósito comunicativo de fiscalizar e participar dos meios de comunicação pode ser a seguinte: vários alunos escrevem cartas para vários jornais diferentes fazendo em todas elas críticas aos jornais; aguardam para ver quais jornais publicam ou não as cartas. Com os resultados desta observação, os alunos podem discutir quais jornais são mais abertos a críticas e quais são mais fechados. Já com vistas a solicitar a intermediação da imprensa para a resolução de problemas cotidianos, uma possibilidade é a escrita de cartas de leitor tematizando problemas recorrentes no bairro em que moram.

9.1.3 Simulação do contexto de produção de uma carta de leitor

Greenwood (1994) desenvolveu uma pesquisa em escolas na qual os professores envolvidos criaram alguns projetos para envolver os alunos em contextos novos e não familiares através da simulação de situações. Da observação dos projetos, a autora observou que "os alunos expandiram e aguçaram suas próprias percepções, como escritores, sobre para que serve a escrita e o que ela pode fazer" (GREENWOOD, 1994, p. 242). As novas audiências foram capazes de fornecer aos estudantes propósitos estimulantes para a escrita como ainda não havia ocorrido. E mais: ainda em função da audiência, os alunos passaram a se preocupar em escrever e reescrever os seus textos. No fim das contas, um significativo número de estudantes que normalmente optam por não participar do discurso convencional da sala de aula usou registros e gêneros apropriados quando o discurso foi alterado. Isso indica quão importante e estimulante pode ser um trabalho com gêneros situando-os nas instituições onde são produzidos recorrentemente.

Aprender um gênero pode significar também aprender sobre como funcionam as instituições, como nelas as pessoas trabalham e que papéis desempenham. Por isso, pode ser bastante relevante simular em sala de aula o ambiente de uma redação de jornal ou revista, no qual os alunos vivenciarão imaginariamente os papéis de editor-chefe, chefe de redação, redator, repórter e leitores, após obviamente entenderem adequadamente quais as funções de cada um deles na empresa jornalística. A simulação pode, em linhas gerais, ocorrer da seguinte forma: vários alunos, na função de leitor, escrevem várias cartas e enviam-nas aos editores (pode ser feito um acordo para haver várias cartas sobre uma mesma notícia ou reportagem). Os alunos-editores lerão todas as cartas (é importante que haja muito mais cartas do que a quantidade que pode ser publicada), selecionarão algumas, farão a edição delas e as publicarão em um jornal impresso ou *blog*. Os leitores que não tiveram suas cartas publicadas enviam novas cartas exigindo explicações acerca da não publicação. Os editores respondem ou não aos leitores sobre suas reclamações (à frente apresentaremos detalhadamente uma atividade de simulação da situação de um gênero).

9.1.4 Posicionamento crítico

A carta de leitor é um gênero de natureza eminentemente opinativa, portanto, nela, o leitor precisa expressar sua apreciação crítica acerca de acontecimentos reais e de ideias presentes em outros textos. Para isso, é fundamental que o leitor faça a sua crítica de modo ético, respeitoso e seguindo as exigências legais específicas (não usar palavrão, não ferir a individualidade das pessoas, apreciar os fatos e os argumentos e não as pessoas). Ou seja, aprender a posicionar-se criticamente não pode significar ser leviano ou irresponsável quanto ao modo de expor o que se pensa – esse é um componente ético do trabalho com este gênero em sala de aula. Neste sentido, pode ser necessário visitar os *websites* dos jornais e ler as normas ou orientações acerca dos procedimentos para produção, envio e possível publicação das cartas. A título de exemplo, o suplemento *Folhateen* (<http://blogdofolhateen.folha.blog.uol.com.br/>) explicita que uma carta, para ser publicada, não pode violar qualquer lei vigente no Brasil, não pode conter conteúdo calunioso, difamatório, injurioso, racista, de incitação à violência ou a qualquer ilegalidade ou desrespeitar a privacidade alheia; não pode conter conteúdo preconceituoso ou discriminatório a pessoa ou grupos de pessoa; não pode conter linguagem grosseira, obscena e/ou pornográfica; não pode apresentar cunho comercial; não pode ser anônima ou assinada em *e-mail* falso.

9.1.5 Trânsito pelo conjunto de gêneros inter-relacionados

Como vimos acima, o gênero carta de leitor não tem existência isolada em relação a outros gêneros, mas, ao contrário, depende direta ou indiretamente, pelo menos, dos seguintes gêneros: notícia, reportagem, tiras, editoriais, artigos. Isso significa que o processo de leitura e de produção de cartas, para ser realizado a contento, precisa ser pensado e planejado fazendo articulações entre estes gêneros. Isso significa também que o processo de produzir cartas necessita ser associado a atividades de leitura de outros gêneros, de modo a não se dissociar ler de escrever, o que possibilita conceber a atividade de leitura como uma ação orientada para a escrita.

A forma, o estilo de linguagem, a temática e mesmo o propósito comunicativo de uma carta de leitor dependem diretamente do perfil de jornal ou revista onde ela poderá ser publicada. Por isso não é possível induzir os alunos a acreditarem que existem modelos ou estilos válidos para toda e qualquer carta de leitor. Em vez disso, parece muito mais proveitoso orientá-los a descobrir a forma e o estilo de acordo com o jornal ou revista onde eles pretendem publicar sua carta.

Cartas de leitor publicadas em revistas para público infantil são diferentes das publicadas em revistas de adolescentes, as quais são diferentes das de jornais para adultos e de revistas de esportes. Por isso não é uma boa alternativa ensinar padrões gerais, mas, em vez disso, disseminar a ideia de, sempre antes de começar a escrever, checar o perfil da instituição para a qual o texto será direcionado. Há jornais, a exemplo do *The New York Times* (EUA) e *El Pais* (Espanha), que apresentam uma orientação bem delimitada e clara sobre estrutura, tamanho e informações obrigatórias a serem colocados nas cartas para eventual publicação.

As cartas de leitor, como qualquer outro gênero, são tipos históricos de textos que tanto se conservam como sofrem mudanças graduais. Se quisermos realmente formar alunos críticos, precisamos encorajá-los e orientá-los a contribuir com mudanças para que os gêneros atendam cada vez mais satisfatoriamente às necessidades dos grupos sociais. Nesse sentido, atividades podem ser pensadas no sentido de sugerir mudanças no formato, no estilo, nas regras e nos propósitos comunicativos das cartas de leitor. O ponto central é fazer um desafio do tipo: se você fosse escolhido para ser o editor-chefe de um jornal ou revista e a direção da empresa lhe desse alguma liberdade para propor mudanças neste gênero, quais mudanças você proporia e como as justificaria? E como leitor de um jornal ou revista, que sugestões você teria a oferecer para que o gênero passe a atender mais satisfatoriamente às necessidades da sociedade?

O aprendizado efetivo de qualquer gênero requer que o aprendiz seja exposto a textos autênticos e reais em suas variadas formas e funções. Como os gêneros são marcadamente dinâmicos, mutantes e flexíveis, é preferível que as pessoas entrem em contato sempre que possível com esta complexa realidade. Isso significa, na prática, facilitar o acesso a uma variedade de textos de um mesmo gênero, tais como eles são efetivamente produzidos na sociedade. Uma das ideias mais interessantes sobre gênero é a de que todo gênero inclui escolhas por parte dos usuários, embora estas escolhas sofram restrições e não sejam totalmente livres.

A melhor forma de preparar os usuários para fazer escolhas adequadas e inteligentes é facilitar-lhes o acesso à variedade real dos textos de cada gênero. Por isso, se queremos que nossos alunos se tornem leitores-missivistas, um bom caminho é incentivar o acesso a diversos formatos das cartas de leitor. Lendo cartas de verdade, que foram efetivamente publicadas em diversos veículos de comunicação, os alunos entenderão com mais naturalidade as variações existentes entre textos de um mesmo gênero e compreenderão que deverão fatalmente fazer escolhas quando forem escrever. Outra vantagem deste contato com textos autênticos é facilitar nos alunos a compreensão de que **não** há regras absolutas, hegemônicas e homogêneas para presidir a estrutura e a função de um texto. As regras, sendo históricas e sociais, são situadas, variáveis, dinâmicas e adaptativas.

9.2 Sugestão de atividades com carta de leitor no Ensino Fundamental I

Vamos agora propor e explicar uma sequência de atividades de ensino-aprendizagem focadas no Ensino Fundamental I. Faremos indicações ao mesmo tempo precisas e bem delimitadas, mas também abertas a modificações e ajustes, pois todas as decisões didáticas finais cabem ao professor em sala de aula.

Obviamente que o trabalho começa com a escolha de um ou mais jornais ou revistas, nos quais haja publicação de cartas de leitor. Dentre as muitas opções, fizemos a escolha aqui pela revista *Ciência Hoje das Crianças*, por ela ter como alvo, como o título indica, o público infantil e objetivar fazer divulgação científica, tão importante na formação das crianças. Trata-se de material recomendado pelo Ministério da Educação, ao qual muitas escolas brasileiras públicas e privadas têm acesso. Outra razão importante é o fato de esta revista incentivar a correspondência entre os leitores e não somente dos leitores com o editor.

A sequência de atividades de leitura e escrita objetiva levar os alunos a compreenderem o processo de produção, leitura e circulação de cartas de leitor na *Revista Ciência Hoje das Crianças* e a sentirem-se estimulados a tornarem-se leitores-missivistas. É claro que a definição de tempo de duração das atividades ficará a cargo de cada professor.

9.2.1 Atividades de leitura

- Antes de ler propriamente as cartas de leitor, pode ser necessário fazer um levantamento do conhecimento prévio dos alunos em relação a: carta de leitor, revistas de divulgação científica, revista *Ciência Hoje das Crianças*, notícias e reportagens sobre temas científicos.
- Leitura completa da seção de cartas de leitor de, pelo menos, duas ou três revistas. Os alunos podem ser encorajados a perceber o que há de comum e de diferente entre as várias cartas quanto aos seguintes aspectos: propósito das cartas, tema, estrutura, evento deflagrador, destinatário e perfil do leitor. Isso pode ser feito como uma atividade de pesquisa, ou seja, os alunos podem montar um quadro e quantificar os resultados, de modo a formular algumas conclusões a respeito das principais características da carta de leitor na *Ciência Hoje das Crianças* (sem esquecer que elas podem ser diferentes em outras revistas ou jornais voltados para o público infantil). Uma opção é cada grupo de alunos ficar responsável por um exemplar diferente da revista para, ao final, cada grupo apresentar seus resultados para os outros alunos. Ao término da atividade, todos juntos podem formular suas conclusões gerais.
- Leitura de uma reportagem que serviu de evento deflagrador e das cartas publicadas como reação a esta reportagem. Os alunos podem ser estimulados a dizer se concordam ou discordam inteiramente ou parcialmente dos leitores que produziram tais cartas. Não precisa dizer que o posicionamento dos alunos deve sempre ser fundamentado em argumentos e justificativas. A importância desta atividade é conduzir os alunos a uma compreensão de leitura como um processo de interação entre sujeitos.
- Leitura das orientações fornecidas pela revista *Ciência Hoje das Crianças* em relação ao envio de carta de leitor para eventual publicação (tamanho, temas, prazos etc.).

→

9.2.2 Atividades de escrita

Atividade: Produção de carta de leitor.

Sugestões de gêneros adequados: carta de leitor, notícia e reportagem.

Orientações e objetivos: antes de iniciar propriamente a escrita, pode ser necessário discutir com os alunos acerca do contexto de produção de cartas de leitor, dando destaque para, pelo menos, os seguintes aspectos:

- trata-se de uma situação de comunicação pública, em que as eventuais cartas publicadas serão lidas por muita gente e poderão receber outras críticas. É preciso compreender que escrever para um editor de revista é bem diferente de escrever para um amigo ou para a mãe. Tanto assim que muitos leitores se dirigem à própria revista (*Querida CHC*), mostrando que compreendem que estão interagindo com uma instituição. Mesmo que a carta se dirija não ao editor mas a outro leitor, trata-se de uma interlocução não imediata, pois o interlocutor é um desconhecido e não um amigo. Ou seja, trata-se de uma excelente situação para os alunos compreenderem como interagir em situações públicas e formais;

- também será uma boa oportunidade para os alunos compreenderem a importância da participação na vida social pública através da leitura e da escrita. Creio ser possível discutir com os alunos o papel que podem ter as pessoas comuns para aperfeiçoar e democratizar a imprensa;

- trata-se de um processo seletivo de escrita, de modo que nem todas as cartas serão publicadas. Muitos alunos terão que lidar com alguma frustração pelo fato de seus textos não terem sido publicados, mas isso pode ser trabalhado do ponto de vista psicológico e afetivo, podendo ser encarado como uma oportunidade para começar a compreender os processos de publicação de textos nas esferas públicas de comunicação.

Sequência de atividades:

- Seguindo um dos eventos deflagradores de cartas de leitor, pode-se pedir a cada aluno que escolha uma reportagem publicada no último número da revista *Ciência Hoje das Crianças*. Cada um deve ler a matéria no sentido de responder às seguintes perguntas para si mesmo: A reportagem deu conta de explicar tudo o que você queria saber sobre o assunto tratado? Você gostou ou não da abordagem feita na reportagem (marque no texto com lápis de cor os trechos que podem servir para justificar seus elogios e/ou críticas)? Você teria alguma sugestão a fazer para o editor da revista? O texto está bem escrito? Há informações incoerentes?
- Agora pode ser feito um debate com todos os alunos sobre a apreciação que fizeram da reportagem ou notícia. Nesse momento é fundamental orientá-los a demonstrar respeito pelas opiniões contrárias, como também abrir-se para serem convencidos por opiniões diferentes, quando estas se apresentarem de modo consistente e convincente.
- Agora é hora de cada um, individualmente ou em dupla, escrever a sua carta de leitor para o editor da revista *Ciência Hoje das Crianças*, tendo clareza sobre os propósitos comunicativos que eles desejam pôr em prática.
- Após a revisão das cartas, é hora de enviá-las por correio convencional ou eletrônico. Agora é aguardar o próximo número para ver se alguma carta foi publicada.

9.2.3 Atividades com carta de leitor no Ensino Fundamental II

Para trabalhar com alunos do Ensino Fundamental II uma opção interessante pode ser o uso de suplementos de jornais voltados para o público adolescente. Dentre as opções, para efeito de demonstração da proposta, vamos fazer uso aqui do Caderno *Folhateen*, do jornal *Folha de S.Paulo*, cujo espaço correspondente à tradicional carta de leitor chama-se "Fale com a gente". Vê-se como o próprio nome da seção – ao usar o termo *a gente* para caracterizar os editores e o suplemento – estimula uma relação um tanto horizontal com os adolescentes. Como informado pelo jornal, o leitor pode comunicar-se com o suplemento através de cinco ferramentas: *blog* (blogdofolhateen.folha.blog.uol.com.br), *e-mail* (folhateen@uol.com.br), bate-papo (msndofolhateen@hotmail.com), *twitter* (twitter.com/Folhateen) e carta convencional via correios.

Os leitores do *Folhateen* escrevem de modo muito crítico, tanto a respeito de ideias de outros leitores como em relação aos escritos dos próprios editores, redatores e colunistas do suplemento. Portanto, cremos que participar da seção "Fale com a gente" pode ser uma experiência rica para potencializar a capacidade crítica dos adolescentes. Ou seja, trata-se de um espaço em que a ação de discordar dos outros se apresenta com muita força e constância.

A sequência de atividades que propomos para o trabalho com as cartas de leitor para o Ensino Fundamental II tem como objetivos: fazer com que os alunos compreendam na prática os processos de interação e de diálogo que se dão pela escrita (entre leitores entre si e entre leitores e editores); levar os alunos a compreender que o gênero carta de leitor está diretamente inter--relacionado a outros gêneros; experimentar, através de simulação, os diferentes papéis sociais que dão sustentação à produção de cartas de leitor; aprimorar a capacidade de avaliar e opinar sobre os pontos de vista expressos na mídia impressa. Para dar conta destes objetivos, estamos propondo atividades conjuntas de leitura e escrita e a simulação do contexto profissional de uma redação de jornal, lugar social por excelência da existência das cartas de leitor.

Atividades de leitura

- Levantamento inicial do conhecimento prévio dos alunos em relação a: carta de leitor, suplementos para adolescentes em jornais e revistas, o suplemento *Folhateen* do jornal *Folha de S. Paulo*. Isso será importante para o professor definir que leituras e informações precisa acrescentar para os alunos.

> – Leitura completa da seção de cartas de leitor de umas cinco seções "Fale com a gente" do suplemento *Folhateen*, a qual pode ser feita via internet. Esta leitura geral tem como objetivo dotar os alunos de um conhecimento mais sistemático de como ocorre a participação dos adolescentes neste suplemento: Sobre que seções do suplemento eles mais fazem comentários? Os comentários fazem mais elogios ou críticas? As críticas ou elogios são bem fundamentados? As críticas dirigem-se mais a outros leitores ou à equipe do jornal? O que mais motiva os leitores a escrever cartas para o *Folhateen*? Ou seja, esta leitura tem como objetivo levar os alunos a conhecerem o contexto de produção, circulação e recepção das cartas neste suplemento, já que esta compreensão é uma condição essencial para a participação neste gênero.

- Leitura de uma matéria e/ou de outras cartas que serviram de evento deflagrador das cartas de leitor publicadas. Esta atividade é fundamental para encorajar e estimular os alunos a lerem os textos comparativamente, vendo semelhanças e diferenças e as relações de causa e efeito entre um texto e outro. Tecnicamente, é uma atividade prática que ajuda os alunos a compreenderem os conjuntos de gêneros da sociedade.
- Leitura das orientações contidas no *site* do *Folhateen* e de outros suplementos sobre as regras para a escrita e o envio dos comentários. Esta atividade é importante para os adolescentes compreenderem que as atividades de uso da linguagem são sempre regradas, mas que estas regras são históricas, situadas e variáveis. Ao perceberem que suplementos diferentes regram de maneira diferente as estruturas, os propósitos e o estilo das cartas de leitor, os alunos poderão compreender a variabilidade e a relatividade das regras sociais. Deste modo, poderão es-

tar mais preparados para fazerem uso da escrita em situações concretas.

Atividades de escrita

- Simulação de uma redação de suplemento de jornal voltado para o público adolescente. Os alunos se distribuirão em grupos para vivenciar os seguintes papéis: (i) editores do suplemento, (ii) redatores de matérias e reportagens, (iii) grupo de leitores 1, (iv) grupo de leitores 2.
- Inicialmente, os editores do suplemento farão uma rápida pesquisa com os grupos de alunos 1 e 2 para descobrir sobre qual assunto eles gostariam que o suplemento fizesse uma reportagem. De posse dos resultados, os editores delegam aos redatores a tarefa de produzir a reportagem voltada para os interesses dos leitores consultados.
- Os redatores escrevem a reportagem e distribuem-na para os leitores do grupo 1, os quais leem a matéria e discutem entre si.
- Os editores do suplemento estabelecem e divulgam as regras para as cartas que poderão ser aceitas para publicação.
- Os leitores do grupo 1 leem as regras de escrita e publicação das cartas. Em seguida, com base na leitura que fizeram da reportagem, escrevem cartas e enviam-nas aos editores.
- Os editores recebem as cartas, leem-nas e escolhem as que serão publicadas. Depois fazem uma edição das cartas para que elas fiquem adequadas ao tamanho da coluna e à política editorial do suplemento.
- As cartas são publicadas (uma opção pode ser publicá-las num *blog* criado especialmente para esta finalidade ou num mural da escola ou em uma edição impressa caseira).
- Os leitores do grupo 2 leem a matéria e as cartas publicadas e fazem uma avaliação destas cartas com vistas a escrever novas cartas expressando concordância ou discordância com pontos apresentados nas cartas do grupo de leitores 1.

- Os leitores do grupo 2 fazem novas cartas e enviam-nas para eventual publicação.

Esta sequência de atividades assim pensada objetiva levar os alunos a compreenderem as relações existentes entre os textos na vida social e perceberem que produzir textos é uma forma de reagir e responder a outros textos com eles concordando ou discordando. Também terão a oportunidade de vivenciar uma sequência de atividades relacionadas a um conjunto de gêneros.

9.2.4 Atividades com carta de leitor no Ensino Fundamental II (8° e 9° ano)

Como vimos enfatizando ao longo do livro, os propósitos comunicativos de um gênero são estabelecidos de acordo com pontos de vista diferentes. No caso da carta de leitor, os propósitos dos jornais e revistas podem ser bem diferentes dos objetivos dos leitores. Tendo essa perspectiva em mente, vamos propor uma sequência de atividades com vistas a ajudar os alunos a se aperceberem dos propósitos comunicativos das cartas de leitor conforme são postas em prática pelas empresas jornalísticas. Com isso, imaginamos contribuir para formar um leitor mais crítico e aprimorar sua habilidade para criticar e fiscalizar o comportamento da imprensa.

A título de exemplificação, temos a seguir várias cartas de leitor publicadas na revista *Época*, comentando o texto de uma mesma colunista.

Alta, mas insegura
Mônica Martelli

Brilhante a crônica de Mônica Martelli, confesso que no início fiquei inseguro ao começar a ler a crônica, mas logo percebi que a estreante estava fazendo uma metáfora muito bem apropriada sobre a insegurança na vida dela. Sei que nossa insegurança trava muitas portas de oportunidades, talvez seja por isso que a maioria dos eleitores votou no "não" no referendo do dia 23 de outubro.

NEUTON LUIZ RAMOS DE MELO, Formoso do Araguaia, TO

Muito boa a crônica de Mônica Martelli. Ótima escolha para substituição de Maitê. A colunista tratou do assunto de uma maneira divertida e criativa. Parabéns e muito sucesso.

LUÍS FLÁVIO DA SILVA FERREIRA, Niterói, RJ

Sou baixinha e nunca gostei disso, porém, ler o ponto de vista de uma mulher alta fez-me rir e pensar duas vezes. Talvez eu tenha sorte! Parabéns pela crônica, ma-ra-vi-lho-sa. Você é muito talentosa.

ANA CLAUDIA FRANCO OWEN, Rio de Janeiro

Disponível em: <http://revistaepoca.globo.com/Epoca/0,6993,EPT1066404-2119,00.html>. Acesso em: 20 abr. 2011.

Chama atenção o fato de as três cartas serem todas elogiosas e nenhuma fazer comentários negativos. Como nós, leitores, não temos acesso às cartas não publicadas, ficamos sem poder saber se houve envio de cartas com apreciação negativa ou se foi o caso mesmo de todos os leitores terem adorado a coluna. Tanto em um caso como no outro, estas três cartas aqui, do ponto de vista da revista, cumprem a função de fazer promoção do veículo de comunicação.

Já o conjunto de cartas a seguir (publicadas no jornal *Folha de S.Paulo*) expressam críticas contundentes à publicação de uma matéria sobre prostituição no suplemento voltado para adolescentes. Somente foram publicadas duas cartas e ambas criticam a reportagem, o que indica que as cartas não estão sendo usadas para promover a qualidade da reportagem em foco e também que este jornal publica textos que contradizem suas opiniões. Aqui o propósito comunicativo das cartas é fazer críticas ao veículo de comunicação.

"Garotas faturam com sensualidade na *internet*": esta é a chamada de capa da *Folha* de 5/4. Dentro, no *Folhateen*: "Garotas exploram a sensualidade e faturam com isto." É simplesmente estarrecedor! Qual é o propósito da matéria? Incentivo à prostituição virtual, que fica a um passo da prostituição real? Se a matéria fosse publicada no primeiro caderno ou no *Mais!*, tudo bem: teria a conotação de um estudo do comportamento humano. Mas saiu no caderno para os adolescentes. Acredito que o jornal conta com ótimos profissionais para desenvolver matérias interessantes, e não precisa de sensacionalismo barato para vender exemplares.

LUIZ CARLOS MOSSO CABRAL, São Sebastião, SP

Eu não me classifico normalmente como pudico. Acho até a idade de consentimento no Brasil exageradamente alta e poderia bem ser baixada em dois, talvez em até quatro anos. Agora, escrever num caderno chamado *Folhateen* – do interesse de pessoas ainda mais jovens, de 10 a 12 anos – uma reportagem intitulada "Faturando com sensualidade" está abaixo de qualquer padrão mínimo de bom-senso, tamanha a desfaçatez do texto, que vende uma forma de prostituição virtual como algo tranquilo e normal. Nem condeno prostitutas e até acho que pode ser uma forma realmente razoável de vida, mas daí a defender isso no *Folhateen* como se fosse uma grande brincadeira é de embrulhar o estômago.

MÁRCIO VERÍSSIMO, São Paulo, SP

Disponível em: <http://www1.folha.uol.com.br/fsp/opiniao/fz0604201010.htm>. Acesso em: 20 abr. 2011.

Cremos que estes dois exemplos são indicativos de como a seção carta de leitor pode ser um gênero interessante para os leitores avaliarem a postura dos próprios jornais.

9.3 Sugestão de trabalho em sala de aula

Atividade: Fazer uma análise comparativa da seção de carta de leitor de quatro grandes veículos de comunicação: *Veja, Época, Folha de S.Paulo* e *O Estado de S. Paulo.*

Gênero adequado: carta de leitor

Orientações e objetivos: o objetivo da atividade é promover uma análise comparativa dos propósitos comunicativos das cartas de leitor, do ponto de vista das próprias empresas jornalísticas.

Passo a passo:

- A turma será dividida em quatro grupos. Cada grupo ficará responsável pela análise de uma das empresas de comunicação (*Veja, Época, Folha de S.Paulo* ou *O Estado de S. Paulo*).
- O material de análise será composto de três a cinco seções de carta de leitor de cada um dos veículos publicadas no mesmo período.
- Na análise, os alunos buscarão encontrar respostas para as seguintes indagações:
  - Há cartas que são usadas para fazer propaganda e promoção do veículo de comunicação? Em que proporção? Como isso é feito?
  - Os veículos de comunicação publicam cartas que fazem críticas a eles próprios (por exemplo, acusando--os de serem tendenciosos, de terem deturpado ou omitido informações, de terem mentido, de terem sido levianos etc.)?
  - No caso dos veículos que permitem a autocrítica através das cartas, com que frequência fazem isso?
  - Existem mais cartas fazendo elogios ou críticas (isso pode ser expresso quantitativamente)?
  - Sobre uma mesma matéria, qual é a proporção entre cartas elogiosas e críticas?

→

- Como cartas elogiosas e críticas são dispostas: são colocadas em primeiro lugar as elogiosas ou as críticas?
- Os editores respondem às cartas reconhecendo erros e falhas? Com que frequência?

• Cada grupo apresenta para a turma os resultados descobertos. É hora de estabelecer comparações e formar juízos de valor sobre os veículos de comunicação analisados.

- É chegado o momento de transformar os dados da análise em texto escrito para tornar público o que foi descoberto. Duas cartas de leitor diferentes podem ser produzidas: uma para cada um dos veículos de comunicação analisados e outra para o *site* <observatoriodaimprensa.com.br>, que é especializado em fiscalizar e criticar a mídia brasileira.

Neste capítulo, fizemos bastante uso da técnica da simulação de contexto, através da qual os alunos se imaginam vivendo papéis sociais e profissões associadas à produção da carta de leitor, com o objetivo de facilitar-lhes a compreensão dos diversos propósitos comunicativos do gênero e das suas possibilidades de variação e mudança. O fato mesmo de os gêneros não existirem isoladamente mas em estreita relação com outros gêneros inspirou-nos a propor atividades de leitura e escrita inter-relacionadas a diferentes gêneros. Isso se mostra relevante para ajudar os alunos a compreenderem que o evento deflagrador de um texto de um certo gênero muitas vezes é a leitura de texto de um outro gênero, como ocorre tipicamente com a carta de leitor.

CONCLUSÃO

Chegamos ao fim do nosso livro e esperamos sinceramente que este término esteja associado a um recomeço, redirecionamento ou mesmo início de uma nova e diferente jornada de trabalho em sala de aula. Temos uma crença profunda e uma lúcida compreensão de que o trabalho com gêneros em sala de aula é um caminho profícuo para despertar e encorajar nos alunos suas enormes capacidades de expressão, comunicação e intervenção no mundo em que vivem.

Gastamos muita tinta e papel neste livro visando convencer nossos leitores-professores de que os gêneros não são uma forma inerte, ou uma fórmula pronta, ou uma equação estanque ou ainda um rótulo enigmático. Esperamos tê-los convencido de que os gêneros são objetos dinâmicos e complexos, potencialmente mutáveis e adaptáveis às necessidades humanas. Ao invés de serem vistos como um lugar de mera sujeição injustificada, os gêneros precisam ser concebidos simultaneamente como resultado das práticas sociais, mas também como um instrumento que pode alterar estas mesmas práticas. Como exemplificamos inúmeras vezes, as notícias e cartas de leitor espelham os valores, as crenças e as ideologias de nossa sociedade, mas também são uma porta de entrada para fazermos mudanças, mesmo que pequenas e quase imperceptíveis nestas ideologias.

Conclamamos os professores que leram este livro (e que se sentiram convencidos do que foi aqui exposto) a se engajarem na proposição de atividades de leitura e escrita que possam dizer aos alunos de modo claro e experimental que os textos e os gêneros são de fato instrumentos de luta por um mundo um pouquinho melhor. Os alunos, mas também nós, professores, precisamos compreender que os gêneros são construídos também por nós e que nós somos os responsáveis pelas mudanças ou pelas continuidades de suas ações sociais.

As propostas aqui desenvolvidas para o trabalho pedagógico com as notícias e cartas de leitor podem (e devem) ser adaptadas para a abordagem de outros gêneros em sala de aula. Para isso, basta que os professores façam escolhas conscientes por outros gêneros e proponham adaptações das propostas delineadas neste livro de modo a atender às expectativas e às necessidades retóricas dos seus alunos. Acreditamos muito na capacidade dos professores para se apropriarem das sugestões aqui elaboradas e para fazerem com que elas sejam transformadas nos diversos contextos da educação brasileira.

BIBLIOGRAFIA COMENTADA

BAKHTIN, Mikhail. Os gêneros do discurso. In: _____. *Estética da criação verbal*. Tradução do russo de Paulo Bezerra. 4. ed. São Paulo: Martins Fontes, 2003 [1979]. p. 260-306.

Este é um dos textos clássicos dos estudos de gêneros e provavelmente o mais citado no Brasil quando se discute esta temática. A importância deste texto decorre de ele ter sido um divisor da águas nesta área, pois foi o primeiro texto a defender que os gêneros de discurso existem em todas as esferas da atividade humana e não apenas nas esferas literárias e retóricas, como se pensava até o início do século XX. Outra importância dele decorre da diferenciação clara que faz Bakhtin entre oração (de natureza gramatical) e enunciado (de natureza interacional, dialógica e social), razão que levou o autor a defender que "os gêneros são tipos relativamente estáveis de enunciados" (com certeza a definição de gênero mais citada, embora nem sempre bem compreendida). A leitura deste texto ajuda os leitores a compreenderem por que os gêneros são tão heterogêneos e versáteis: eles decorrem diretamente das atividades realizadas pelas pessoas em suas esferas de trabalho, as quais são muito dinâmicas e variáveis. Ao relacionar diretamente os gêneros às esferas da atividade humana, Bakhtin salientou claramente a natureza social dos textos e dos gêneros, outro ponto fundamental na obra. Seguramente este é um (senão o) dos textos fundadores de um modo dinâmico e plástico de pensar a vida e a existência social dos gêneros, razão pela qual ele se constitui em uma leitura rica, necessária e frutificadora de novas ideias.

MEURER, José Luiz; BONINI, Adair; MOTTA-ROTH, Désirré (Org.). *Gêneros:* teorias, métodos, debates. São Paulo: Parábola Editorial, 2005.

O livro *Gêneros: teorias, métodos, debates* reúne uma coletânea de artigos de diversos pesquisadores de variadas universidades brasileiras e oferece um panorama amplo das muitas correntes teóricas que se ocupam do estudo dos gêneros. A parte 1 contempla as pesquisas da chamada abordagem sociossemiótica, a qual se desenvolveu, sobretudo, na Austrália e Inglaterra e valoriza muito a descrição dos recursos semióticos para a configuração dos gêneros, com acentuada preocupação aplicativa. A parte 2 recobre abordagens sociorretóricas fundamentadas em pesquisadores estadunidenses (John Swales, Carolyn Miller e Charles Bazerman). O artigo *Gênero como ação social em Miller e Bazerman: o conceito, uma sugestão metodológica e um exemplo de aplicação* é fundamental para a compreensão dos eventos deflagradores e do processo de composição de resenhas acadêmicas e ilustra muito bem como se pode aplicar a teoria para a explicação das ações sociais de um gênero. A parte 3 dedica-se às assim chamadas abordagens sociodiscursivas, cuja referência mais importante é Mikhail Bakhtin. O texto *Os gêneros do discurso na perspectiva dialógica da linguagem: a abordagem de Bakhtin*, de modo exemplar oferece explicações para a relação umbilical entre as dimensões verbais e sociais dos gêneros, as quais são exemplificadas através do gênero artigo de jornal. Já o texto *Gêneros do discurso e gêneros textuais: questões teóricas e aplicadas* é muito esclarecedor a respeito das diferenças teóricas e pedagógicas entre as noções de gêneros de texto e gêneros de discurso. No geral, trata-se de uma leitura recomendada pelo fato de apontar, por diversos caminhos teóricos, para o fato central de que a noção de texto é de natureza ao mesmo tempo verbal e social.

MILLER, C.; DIONÍSIO, A.; HOFFNAGEL, J. (Org.). *Gênero textual, agência e tecnologia*. Recife: Editora Universitária da UFPE, 2009.

Este livro reúne vários artigos escritos por Carolyn Miller, umas das mais influentes estudiosas dos gêneros na perspectiva dos Estudos Retóricos de Gêneros, desenvolvida principalmente nos EUA nos últimos 30 anos. O livro contém o artigo "Gênero como ação social", escrito em 1984, considerado seminal para os estudos retóricos de gêneros e amplamente citado e parafraseado. No artigo, Miller explica o que significa dizer que os gêneros são uma forma de ação social, ao apontar para o fato de que todo gênero emerge como uma resposta tipificada para necessidades recorrentes dos grupos sociais e que é um dos elementos de manutenção, propagação e mudança cultural. Também são de grande importância neste livro os artigos que discutem gêneros de internet, sobretudo o *blog*. Miller explica as razões culturais e políticas que fizeram com que os *blogs* pessoais e jornalísticos passassem a ser um dos gêneros mais utilizados hoje em todo o mundo ocidental. As ideias expostas neste livro são fundamentais para a compreensão dos gêneros como instrumentos retóricos, ou seja, como recursos para atender às nossas exigências e necessidades na vida em sociedade.

SCHNEUWLY, B.; DOLZ, J. *Gêneros orais e escritos na escola*. Trad. e org. de Roxane Rojo e Gláis Sales Cordeiro. Campinas: Mercado das Letras, 2004.

Este livro, também uma coletânea de artigos, reúne diversos textos publicados por Bernard Schneuwly e Joaquim Dolz, os quais se dedicam a pesquisar a didática das línguas usando como ferramenta teórica a noção de gêneros. Apoiando-se teoricamente em Bakhtin e Vygotyski, os autores defendem que os gêneros podem ser concebidos como ferramentas para a consecução de atividades de linguagem e interação e que se revestem de objeto de ensino privilegiados já que eles podem ser usados como meio de articulação entre as práticas sociais e os objetos escolares no domínio da produção de textos. Trata-se de um livro que produz excelentes articulações entre teoria e prática, uma vez que muitos dos artigos resultam de aplicações didáticas levadas a cabo em salas de aula. Outra razão relevante para sua leitura é o fato de ele conter discussão e exemplicações acerca da noção de sequência didática, atualmente de grande relevância em diversas pedagogias. Por tudo isso, este livro é de fundamental leitura para professores que trabalham com a linguagem em sala de aula, pelo fato de apresentar os resultados e a discussão de projetos de ensino aplicados efetivamente em escolas.

REFERÊNCIAS

ADGHIRNI, Z. L.; BAESSE, J. Gêneros opinativos e *internet*: mais espaço para o leitor. Intercom – Sociedade Brasileira de Estudos Interdisciplinares da Comunicação. XXXII Congresso Brasileiro de Ciências da Comunicação. Curitiba, 4 a 7 de setembro de 2009.

ALVES FILHO, F. Integridade genérica versus versatilidade no editorial de jornal. SIMPÓSIO INTERNACIONAL DE ESTUDOS DE GÊNEROS TEXTUAIS, V, 2009, Caxias do Sul. *Anais...* Caxias do Sul: UCS, 2009. p. 1-12.

BAESSE, J. *A voz das ruas manifesta na seção carta do leitor.* 2004. Dissertação (Mestrado), PPG/FAC/UnB, Brasília.

BAKHTIN, M. Os gêneros do discurso. In: _____. *Estética da criação verbal.* Trad. do russo de Paulo Bezerra. 4. ed. São Paulo: Martins Fontes, 2003. p. 260-306.

_____. A interação verbal. In: *Marxismo e filosofia da linguagem.* São Paulo: AnnaBlume/Hucitec, 1997 [1929/1930].

BERKENLOTTER, C.; HUCKIN, T. N. *Genre knowledge in disciplinary communication: cognition, culture, power.* Hillsdade/Hove: Lawrence Erlbaum Associates, 1995.

BITZER, L. F. The rhetorical situation. *Philosophy and Rhetoric*, v. 1. n. 1, 1968, p. 1-14.

DERRIDA, J.; RONELL, A. The law of genre. *Critical Inquiry*, v. 7, n. 1, On Narrative, University of Chicago Press Stable, 1980, p. 55-81.

DEVITT, A. J. *Writing genres*. Carbondale: Southern Illinois University Press, 2004.

_____. Generalizing about genre: new conceptions of an old concept. In: VANDENBERG, Peter; HUM, Sue; CLARY-LEMON, Jennifer (Org.). *Relations, locations, positions:* composition theory for writing teachers. NCTE, 2006 [1993].

DEVITT, A. J. Teaching critical genre awareness. In: BAZERMAN, C.; BONINI, A.; FIGUEIREDO, D. *Genre in a changing world*. Colorado: WAC Clearinghouse, 2009. p. 78-96. Disponível em: <http://wac.colostate.edu/books/genre/genre.pdf>.

FLOWERDEWB, J. Genre in the classroom: a linguistic approach. In: JOHNS, A. M. *Genre in the classroom:* multiple perspectives. New York/London: Routledge, Taulor & Francis Group, 2002.

GREEWOOD, S. Purposes, not text types – learning genres through experience of work. In: FREEDMAN, A.; MEDWAY, P. *Learning and teaching genre*. Portsmouth: Heinemann, 1994. p. 237-242.

MILLER, C.; DIONÍSIO, A.; HOFFNAGEL, J. (Org.). *Gênero textual, agência e tecnologia*. Recife: Editora Universitária da UFPE, 2009.

PARE, A.; SMART, G. Observing genres in action: towards a research methology. In: FREEDAMA, A.; MEDWAY, P. *Genre and the new rhetoric*. London and New York: Taylor & Francis, 1994. p. 146-154.

RODRIGUES, Rosângela Hammes. Os gêneros do discurso na perspectiva dialógica da linguagem: a abordagem de Bakhtin. In: MEURER, José Luiz; BONINI, Adair; MOTTA-ROTH, Désirré (Org.). *Gêneros:* teorias, métodos, debates. São Paulo: Parábola Editorial, 2005. p. 152-183.

ROJO, Roxane. Gêneros do discurso e gêneros textuais: questões teóricas e aplicadas. In: MEURER, José Luiz; BONINI, Adair; MOTTA-ROTH, Désirré (Org.). *Gêneros:* teorias, métodos, debates. São Paulo: Parábola Editorial, 2005. p. 184-207.

SCHENEUWLY, B.; DOLZ, J. *Gêneros orais e escritos na escola*. Trad. e org. de Roxane Rojo e Gláis Sales Cordeiro. Campinas: Mercado das Letras, 2004.

VAN DIJK, Teun A. *News as discourse*. New Jersey: Lawreence Erlbaum Associates, 1988.

COLEÇÃO TRABALHANDO COM ... NA ESCOLA

A Coleção *Trabalhando com... na escola* tem como principal objetivo fornecer um material diversificado, atualizado e inovador para os professores do ensino fundamental e médio.

Iniciando-se com objetos de ensino de Língua Portuguesa, cada volume da coleção tem o objetivo de trabalhar com **temas, práticas e/ou objetos de ensino**, oferecendo sugestões metodológicas sobre como trabalhar com eles em sala de aula. As sugestões metodológicas devem ser suficientemente exemplificadoras para que o professor tenha acesso a uma proposta de trabalho que não se restrinja a apenas uma série e para que seja possível mostrar a complexidade inerente de cada tema/prática/objeto de ensino selecionado.

As **sugestões metodológicas** produzidas em cada volume constituem o "coração" da coleção, mas seus volumes também apresentam teorias e/ou conceitos de forma econômica e clara, com o objetivo de ilustrar como o trabalho prático na sala de aula não prescinde de conhecimento téorico e como o conhecimento teórico pode (e deve) iluminar e fomentar práticas didáticas concretas e cotidianas relativas às reflexões sobre a linguagem.

Outra característica da coleção é o pressuposto, que deve guiar todos os volumes, de que **o trabalho de construção do co-**

nhecimento sobre determinado tema/prática/objeto de ensino não pode prescindir de um trabalho com/sobre a linguagem. Nesse sentido, um ponto fundamental da coleção é a centralidade do trabalho com/sobre a linguagem no processo de formação de professores de todas as áreas.

O público-alvo dessa coleção são principalmente pedagogos, professores de língua portuguesa e de literatura, mas também todos os educadores e professores de outras áreas que reconhecem a importância de materiais que relacionem teoria e prática de modo significativo e que necessitem desenvolver nos alunos variadas competências e habilidades nos diferentes tempos e espaços de seu percurso de letramento nos diferentes níveis de ensino. Assim, pressupõe-se que os educadores de todas as áreas encontrem nos volumes da coleção:

a) Uma compreensão mais prática dos pressupostos teóricos presentes nos documentos oficiais que resultam das políticas públicas de ensino elaboradas pelo MEC e pelas Secretarias de Educação, nos níveis estadual e municipal.

b) Propostas e sugestões metodológicas elaboradas por especialistas em determinados temas e/ou objetos de estudo.

Acreditamos que a Coleção *Trabalhando com... na escola* está desenhada de forma a contribuir concretamente tanto para a contínua formação dos professores como para o estabelecimento de um diálogo mais próximo entre os saberes dos professores das universidades e os saberes dos professores de ensino fundamental e médio das escolas brasileiras.

Anna Christina Bentes
Coordenadora da Coleção
Trabalhando com... na escola

TÍTULOS DA COLEÇÃO

HIPERTEXTO NO COTIDIANO ESCOLAR
Luiz Fernando Gomes

GÊNEROS JORNALÍSTICOS
Francisco Alves Filho

COERÊNCIA TEXTUAL E REFERENCIAÇÃO
Mônica Magalhães Cavalcante, Valdinar Custódio Filho,
Mariza Angélica Paiva Brito

EXPOSIÇÃO ORAL NAS SÉRIES INICIAIS
Sandoval Nonato Gomes-Santos

LIVRO DIDÁTICO DE PORTUGUÊS
Tatyana Mabel Nobre Barbosa e Claudianny Amorim Noronha

LIVRO DIDÁTICO DE MATEMÁTICA
Iran Abreu Mendes e Claudianny Amorim Noronha

RÁDIO ESCOLAR: UMA EXPERIÊNCIA DE LETRAMENTO
MIDIÁTICO
Marcos Baltar, Suleica Fernanda Biesdorf, Marina Siqueira Drey

A DIVERSIDADE LINGUÍSTICA
Anna Christina Bentes

O CORDEL NO COTIDIANO ESCOLAR
Hélder Pinheiro e Ana Cristina Marinho Lúcio

AMBIENTES DIGITAIS NO COTIDIANO ESCOLAR
Denise Bértoli Braga

FORMAÇÃO DO LEITOR: CONTO LITERÁRIO E NARRATIVAS
NO COTIDIANO ESCOLAR
Antônio Marcos V. Sanseverino

PRÁTICAS DE LEITURA, ESCRITA E ANÁLISE LINGUÍSTICA
COM O GÊNERO ARTIGO ASSINADO
Rosângela Hammes Rodrigues e Márcio Norberto Maieski

DIVULGAÇÃO CIENTÍFICA NAS SÉRIES INICIAIS
Márcia Mendonça e Clécio Bunzen